Heibonsha Library

［増補］論壇の戦後史

Heibonsha Library

〔増補〕論壇の戦後史

奥武則

平凡社

本著作は二〇〇七年五月に平凡社新書の一冊として
刊行されたものに付論を加えた増補版である。

目次

はしがき

長い間、新聞記者をしていた。学芸部というセクションにいたころ、初対面の人に自己紹介めいたことをしなければならないとき、なかなかやっかいだった。「学芸部で論壇を担当しています」というと、相手はけげんな顔をする。次に「どんなお仕事ですか」と聞かれるわけだが、少し口ごもってしまう。

学芸部（いまは、どこも文化部に変わった。ある新聞社は、学芸部から文化部にして、さらに近ごろ文化グループに変えた）には、映画・演劇・音楽・テレビなどを担当している記者たちがいる。こちらは、外部の人にも分かりやすい。私は長く学芸部にいたのだが、残念ながら、こうした分かりやすい分野を担当したことはない。書評と論壇がすべてだった。書評の方は、まだ分かりやすい。論壇となると、なかなか説明が難しい。

論壇記者の仕事の一つは、外部の筆者に依頼して、文化面に寄稿してもらうことである。文化面には、いろいろな分野の人たちが寄稿する。たとえば、芥川賞をもらったばかりの某作家が、受賞の感想などを含めた文章を書いたりしている。毎月、「文芸時評」も載る。文芸誌の作品を中心にした批評である。同じ文化面でも、こちらは論壇記者の仕事ではない。

おおざっぱに「文芸」以外、といったら、むしろ分かりやすいかもしれない。それが、論壇記者の担当分野である。国内外の政治や経済の動きなど、さまざまな領域の、広い意味での時事的なテーマについて、専門家に原稿を注文する。もちろん自分で書くこともあるのだが、かなりの部分は、こうした編集者的な仕事である。

「文芸時評」に相当する「論壇時評」もある。私がいた毎日新聞では、当時「今月の雑誌から」という、まことに無愛想な表題で、これを載せていた。「論壇時評」は、外部の筆者が書いている新聞が多いのだが、毎日新聞では、これを論壇記者が書いていた。私もかなり長い間、「今月の雑誌から」を担当した。

――ということで、論壇を、ことあらためて定義すると、〈国内外の政治や経済の動きなど、さまざまな領域の、広い意味での時事的なテーマについて、専門家が自己の見解を表明する場〉といったことになりそうだ。

こうした論壇の具体的な「場」は、長い間、総合雑誌だった。総合雑誌というのは、日本に特有のものらしい。戦前創刊された『中央公論』と『改造』が作り出したメディアである。政治や経済など、論壇的な硬い論文から小説まで、何でも載っているから「総合」ということだろう。本文で書くように、戦後間もない時期に『世界』など、多くの総合雑誌が創刊され、論壇に場を提供した。

本書の対象は、多くはそうした場に登場した文章である。「戦後」という時代の区切りの意味については、本書全体を通じて考えることになるが、論壇がいきいきとした存在感を発揮した時期であったことはまちがいない。そこで何が論じられたのか。人々は何を考えていたのか。本書は、そういったことどもに、あらためて光を当てる。たかだか五、六十年ほど前の話に過ぎないのだが、読者の中には、「こんな時代があったのか」と新鮮な驚きを感じる人も多いかもしれない。

そうなのである。「こんな時代」が、私たちの国にあったのだ。「こんな時代」を振り返ることの意味を、著者としての私がここで読者に押し付けることはしないことにする。本書を読むことで、読者それぞれが過ぎし時代と現代との対話をしていただければ、ありがたい。

以下、本書の道筋をごく簡単に述べておく。

「戦後」の日本は、「悔恨共同体」から始まった。「悔恨共同体」の意味するものは、本文にゆずる。論壇の担い手になる知識人たちも、出発点は「悔恨共同体」にいた。その具体的場所として、第一章では、清水幾太郎らが作った二十世紀研究所について述べる。

知識人たちの「悔恨共同体」が具体的な姿をとったのは、何も二十世紀研究所だけではない。ただ、二十世紀研究所については、ごく断片的に語られてきただけで、具体的な活動を含めて全容を記した文献はこれまでにない。その意味もあって、本書で比較的くわしく取り上げた。

第二章から先は、戦後間もなく岩波書店によって創刊され、長く「戦後」論壇をリードすることになる雑誌『世界』が中心になる。敗戦によって「新しい日本」として再出発することになった時期、『世界』に拠った知識人たちは、どのような「国家構想」を提示したのか、について、その結末も含めて記すことになるだろう。

一九五〇年代半ば以降の高度成長は、日本社会を根底から変えていく。その最中に、日米安全保障条約の改定をめぐる「六〇年安保」があった。それは、「戦後」論壇が、読者大衆と共振した「政治の季節」だった。だが、論壇もむろん、高度成長がもたらした変化と無縁ではあり得なかった。「政治の季節」における論壇の動向を追った後、第七章では、現実主義と呼ばれる潮流の台頭に注目する。

六〇年代、ベトナム戦争が泥沼化する中、日本でも新しいタイプの市民運動が起きる。「ベトナムに平和を！」市民連合（べ平連）である。「個」の連帯を基本にする運動の論理は、論壇にも新しい風を吹き込む。六〇年代末、べ平連運動の論理とも深くつながって、全共闘運動が登場する。論壇の具体的な場としては、〈『世界』の時代〉は終わりを告げ、〈『朝日ジャーナル』の時代〉と呼べる時期が現出する。だが、そこでの言説のスタイルはすでに「知的エリート」である知識人が大衆に向けて語るというものではなくなった。『論壇の戦後史』といいつつ、本書の叙述は、この時期で終わる。その区切りの意味と、「その後」については、終章で簡単に述べる。

本書で引用あるいは参考にした文献は、論壇が対象であるため、多くは雑誌に掲載されたものである。その都度、掲載雑誌と発行年月を注記した。また、これらの文章は、その後、単行本や「全集」「著作集」などに収録されているケースが多い。私の手元にあって、確認できる分については、これについても書名だけ注記した。くわしくは、直接引用する機会がなかったその他の参考文献も含めて、巻末の「参考文献一覧」（雑誌掲載分は省略）を参照してほしい。

なお、人名については、すべて敬称を省略させていただいた。

序章　一九八八年八月一二日　四谷霊廟

抜かれた訃報

四ッ谷駅で地下鉄を降りて、地上に出ると、どんよりとした空からいまにも雨粒が落ちてきそうだった。一九八八年八月一二日の昼過ぎ。四谷霊廟に向かう私の足取りは軽くはなかったはずだ。

二日前の一〇日、朝日新聞夕刊に、社会学者・清水幾太郎の訃報が載った。当時、毎日新聞社学芸部で論壇を担当していた私はあわてて、その後追い記事を書くことになった。学芸部は、政治部や社会部などのように常日ごろホットな「ニュース」を追いかけている部署ではない。激しい特ダネ競争とも比較的縁が薄い。だが、訃報は例外だった。映画・演劇・テレビなど、いわゆる「芸能」のセクションでは、たとえば著名俳優の訃報は欠かせないニュースである。しばしば一面に載ったり、社会面トップの記事になったりする。

「芸能」セクションに比べれば、私の担当分野では訃報が大きな紙面扱いになるケースはずっと少ないが、それでも「清水幾太郎死去」となると、大ニュースである。朝日夕刊に載った清水の訃報は一面三段の扱いだった。つまり私は一面ニュースをしっかり朝日新聞に抜かれてしまったのである。

私の後追い記事は、毎日新聞の翌一一日朝刊に載った。

60年安保旗手から「右旋回」

清水幾太郎さん死去

朝刊ということもあって一面ではなく社会面だったが、三段見出し一本の朝日より数段大きな扱いで、見出しは四段。「清水幾太郎さん死去」は白抜きベタ黒の凸版だった。もちろん清水の顔写真も入っている。書き出しは、こんなふうだ。

六〇年安保闘争の指導者として華々しく活躍、その後、防衛力の増強を主張するなど思想的立場を「右旋回」させて話題になった社会学者の清水幾太郎（しみず・いくたろう）氏が一〇日午前十一時五分、心不全のため東京新宿区の慶応病院で死去した。八十一歳。葬儀・告別式の日取りは未定。

記事は本文六十行（一行十三字）。当時、東京国際大学教授をしていたマスコミュニケーション論研究者・稲葉三千男と哲学者・久野収の談話がついている。談話は二人合わせて三十二行。稲葉は「時流をつかむ才能は天才的と言えた。学者のほかジャーナリスト、アジテーターとして、いずれも優れた才能を発揮されたが……」と語っている。久野は「考え方の根は同じなのに、右の人たちが彼の周りに集まりだして、前のように付き合えなくなった」と思い出話をしている。

記事には「葬儀・告別式の日取りは未定」とあったが、密葬が翌一二日、四谷霊廟で行われることは分かっていた。ふつう、訃報には密葬の日時・場所は書かない。ただ、清水ほどの著名人になると、密葬といっても相当の人が会葬に来るはずだ。そう思って、翌日、私は四谷霊廟に足を向けたのだった。訃報を抜かれたのだから、せめてその「フォロー」ぐらいはしっかりやろうと殊勝に考えた。

一般会葬者の中の丸山眞男

四谷霊廟にはそのとき初めて行った。あらかじめ地図で調べて道順を頭に入れていたつもりだったが、少し迷ったように思う。四谷霊廟は、真成院という真言宗の寺院が葬祭用に造った建物だった。

清水幾太郎の密葬は予想通り、密葬とはいえないような本格的な葬儀だった。霊廟の中には折りたたみの椅子で会葬者用の席が数多く並んでいた。葬儀そのものは無宗教で行われ、祭壇には白菊の花に囲まれた遺影が置かれていた。

最前列の会葬者席は、いわば「VIP」用である。文藝春秋の当時の社長・田中健五、衆議院議員だった西岡武夫らが並んでいた（西岡は「場違い」な気がしたが、清水が市ヶ谷に住んでいたころ、隣が西岡家で、清水の長女・禮子と西岡とは同じ年の幼友だちだったことを後で知った）。少し遅れてきた文芸評論家・福田《ふくだ》恆存《つねあり》が、そこに案内された。東京大学学長を務め、後に自民党の参議院議員になった西洋史研究者・林健太郎もいたように思うが、ここは記憶がさだかではない。

田中と「教え子代表」の藤竹暁（当時、学習院大学教授）が弔辞を読んだ。この日の密葬を私は短くまとめて出稿した。記事は一三日朝刊社会面にベタで載った。田中の弔辞は

「先生はいつも背筋をピンと伸ばしていた正統派のスタイリストでした。偉大な社会学者、思想家、そしてジャーナリストであった先生は、根底は一生を通じた愛国者だったと思います。安らかにお眠りください」といった内容である。

弔辞を聞いて、建物の外に出た。そこにも会葬の人々がかなりいた。丸山眞男の姿が、そこにあった。当時、直接の面識はなかったが、顔はよく知っていた。丸山とその論壇における仕事については、この後、くわしく述べることになる。いうまでもなく、戦後日本の論壇に大きな足跡を残した人である。しばしば「戦後進歩派のチャンピオン」といった呼び方がされた。

火葬場に向かう車が出るころになって、空からポツリポツリと雨が落ちてきた。出棺を見送っていた丸山は粕谷《かすや》一希《かずき》と立ち話をしていた。雑誌『中央公論』編集長などを務めた編集者である。やがて二人は連れ立って歩き出した。タクシーを拾ったようだった。

四人が共有した「同じ場所」

以上、新聞社の論壇記者としてのささやかな見聞に過ぎない。だが、戦後思想史の象徴的な一場面に遭遇した思いで、一人ひそかに興奮したのを覚えている。

「戦後」と呼ばれる時代が四十三年の時を重ねていた。清水幾太郎の密葬の場で、「VIP」席に座る福田恆存と、いたかもしれない林健太郎。一般会葬者の中に一人たたずむ丸山眞男。丸山、福田、林の三人はともに、戦後まもなく、清水幾太郎が所長をしていた二十世紀研究所の所員だったことがある。つまり、「戦後」が始まったころ、遺影の主を含めて、四人は「同じ場所」を共有していたことがあったのだ。

二十世紀研究所はまもなく短い歴史を閉じた。丸山と清水は「平和問題談話会」のメンバーに加わる。しかし、「六〇年安保」以後、思想的立場をまったく異にした。福田は、やがて丸山らを痛烈に批判する保守派の重鎮となる。林もまた、マルクス主義の唯物史観を離れて、やはり保守派として論陣を張った。つまり、戦後一瞬ともいっていい期間、「同じ場所」を共有しただけで、四人はそれぞれの道を歩んだ。そして、四人のその軌跡は、ほぼ「論壇の戦後史」の幅と広がりそのものといっていい。

しかし、ほんのひとときとはいえ、四人が「同じ場所」を共有したことはたしかなことである。では、その「同じ場所」――二十世紀研究所とは、いったいどういったところだったのだろうか。どのような目的をもって作られ、どのような活動をしたのだろうか。こうしたことを明らかにすることによって、「戦後」という時代を歩き出したばかりの知識人たちがともに抱いていただろう思いを垣間見ることができないだろうか。

「論壇の戦後史」を、二十世紀研究所なるものに光を当てることから始めたい。その誕生と短い歴史は、「戦後」論壇が出発した場所を私たちに教えてくれるはずだ。

第一章　「悔恨共同体」からの出発

——二十世紀研究所のこと

兵隊靴の丸山眞男

横須賀海兵団の一等水兵として敗戦を迎えた林健太郎は、第一高等学校教授に復職したものの東京の家は焼けてしまっていたため、当時、東京・駒場の一高キャンパス内にあった同窓会館の一室に住んでいた（林健太郎『昭和史と私』）。

ある日、林の仮住まいを一人の男が訪ねてきた。「何の前ぶれもなく庭から入って来て、縁側で立話をして帰って行ったが、彼も兵隊靴をはいていたからきっと軍隊に行っていたのだろう」と、林は述懐している（『移りゆくものの影』）。その男が、丸山眞男である。

林と丸山は、このときが初対面だった。ただ、「存在は互いに認識していたし顔も知っていた」という。丸山の用件は、清水幾太郎が作った二十世紀研究所に入らないかという勧誘だった。林は「何の躊躇もなく引受けた」と記している。

林が想像した通り、丸山は敗戦時、二度目の召集を受け、広島市宇品の陸軍船舶司令部参謀部情報班で一等兵として兵役についていた。「年譜」（『丸山眞男集』別巻）によれば、召集解除となったのが九月一二日。一四日に東京に戻っている。東京大学法学部助教授（正確にいうと、まだ東京帝国大学。「帝国」の文字が消えたのは一九四七年一〇月）に復職したのは、その後ということになる。

林は「学校の敷地の中には私を含めて四人の教授がいずれも焼け出されて起居していた」と回想している（『移りゆくものの影』）。一方は、兵隊靴をはいた東京大学助教授。もう一人は、勤務先に仮住まいの一高教授。二人の出会いは、いかにも焼け跡・闇市の時代らしいエピソードに思える。

財団法人二十世紀研究所が正式に発足したのは、一九四六年二月である。林は時期を書いていないが、おそらく、丸山との出会いは、この年の早い春のころだっただろう。

自転車でやってきた大河内一男

清水幾太郎の自伝『わが人生の断片』によると、二十世紀研究所の設立者は清水と大河内一男、細入《ほそいり》藤太郎《とうたろう》の三人である。大河内は、後に東京大学総長を務めた社会政策学者。当時、東京大学経済学部教授だった。

細入はハーバード大学などで学んだ英米文学者で、立教大学文学部で教えていた。清水は読売新聞論説委員をしていた一九四三年、太平洋協会のアメリカ研究室にかかわりを持ち、そこで細入と交友ができたようだ。

太平洋協会は、一九三八年、鶴見祐輔が中心になって作った国策機関で、日米開戦後、アメリカ研究室を置いた。日米交換船で帰国した鶴見和子、鶴見俊輔（二人は、いうまでもなく祐輔の長女と長男である）、坂西志保、都留重人らがいた。細入は交換船帰国組ではなかったが、アメリカ留学体験があったことから研究室に加わっていたのだろう。

財団法人設立の資金は、細入が百万円を提供した。この点について、清水は一九七一年、「細入氏がお金持で、あの新円切換の時期に大金を抱え込んでいては都合が悪い事情があったのでしょう」と語っている（「対談二十世紀研究所」『季刊社会思想』第一巻三号）。大河内、細入はそれぞれ大学に定職があったが、清水は当時、読売新聞論説委員を辞職していてフリーだった。その結果、「研究所は自ら「私の仕事」になり、私が所長ということになった」という（『わが人生の断片』）。

清水が所長となったこともあって、研究所は彼の主導で作られたと思われがちだが、少なくとも設立そのものは清水のアイディアだったわけではない。前述のように資金は細入が出したし、研究所設立の話を清水に持ちかけたのも細入の方からだった。

清水の回想によれば、一九四六年一月二〇日午後、東京都板橋区常盤台の清水の自宅に、当時、中野区江古田に住んでいた大河内が訪ねてきた。私には、東京大学総長として「痩せたソクラテスになれ」と説いた大河内の哲人ふうの風貌しか思い浮かばないが、この日、彼は自転車をこいでやってきたそうだ。
　すでに来ていた細入を交えて相談し、細入が資金を出して研究所を設立することが正式に決まった。しかし、研究所の名前はそれ以前、清水と細入との間で決まっていたという。清水は次のように記している。

　彼（細入）が研究所設立の話を持ち出し、私がビックリしながら賛成した時、私は、とにかく、名称を先に決めよう、その方が内容が決め易い、と言い、名称は、出来るだけ大きなものにしよう、と主張し、少し考えた後、「財団法人二十世紀研究所」というのはどうだろう、と提案して、彼の同意を得たものである。

　名称の意図は、研究対象が「二十世紀」ということではなく、「三越」とか「高島屋」といった屋号のようなつもりだったそうだ。講演に行った北海道小樽市で「財団法人二十世紀研究所所長」という名刺を見た人が、「ああ、梨の研究ですか」と勝手に納得していたというウソみたいなエピソードを清水が記している。つい昨日まで皇紀〇〇年などといっていた時代に、「二十世紀」を冠した名称はまことに斬新だったのだろう。

そうそうたる所員たち

事務局は当初、東京都港区芝公園の中央労働会館に置いた。事務局の部屋以外に研究室、教室を設けた。三月に世田谷区北沢、さらに七月に杉並区高井戸に移転する。研究所の正式の目的は「社会科学および哲学の研究と普及」とされた。具体的活動としては、①所員の研究会、②一般を対象にした講座、③研究会活動などを基にした出版、④ゲスト・スピーカーを招いた談話会、という四つのジャンルが構想された。

「対談二十世紀研究所」が載った『季刊社会思想』(第一巻三号)は、二十世紀研究所の活動に関するいくつかの資料も収録している。その中に、一九四七年現在の研究所員の名簿がある。今となってみれば、実にそうそうたるメンバーが並んでいる。

清水、大河内、細入の三人の創立メンバーに加えて、すでに名前をあげた丸山眞男、林健太郎のほか、文学畑では、福田恆存、中野好夫、高橋義孝。社会科学者は、人文地理学の飯塚浩二、社会思想史の高島善哉、民法・法社会学の川島武宜《かわしまたけよし》ら。このほか、哲学者の久野収、真下信一、心理学者の宮城音弥、物理学者の渡辺慧《わたなべさとし》もいる。総計十八人。

ここに並べた名前がいかに「ビッグネーム」ぞろいであるかを知ってもらうためには、たとえば、一九九一年刊行の『新潮日本人名辞典』をめくってみるといいかもしれない。

この本は、約一万八千人を収録し、一冊本としては最大規模の人名辞典である。だが、架空人名を含めて古代から現代まで網羅的に載せているから、近代以降の人名はかなり絞り込まれている。ところが、いまここに列挙した人名は、細入藤太郎と宮城音弥をのぞく十三人が収録されている。

啓蒙的な心理学書を多く書き、一般的知名度はかなり高かったはずの宮城がもれているのは少し不思議だが、いずれにせよ、下世話ないい方を許してもらえば、すごい人たちが、ここにはいたのである。

活発な啓蒙活動

先に具体的な活動として四つのジャンルをあげた。羊頭狗肉ではなく、少なくとも設立した一九四六年と翌四七年前半あたりまで活発な活動が行われたことが、いくつかの資料から分かる。

まず「二十世紀教室」という名前で一般の人々を集めて、東京で講座を行った。第一期は一九四六年四月二九日から六月一日まで。「原書講読」として、大河内の「スミス国富論」、清水の「ヘーゲル歴史哲学」、吉野源三郎の「共産党宣言」。吉野は岩波書店から創刊された雑誌『世界』の編集長だった。吉野と『世界』については、後にくわしくふれることになる。

「講義と研究」として、清水「社会学の根本問題」、宮城「社会生活の心理」、丸山「政治とは何か」、林「歴史の研究法」、中野「文学と社会」、下村寅太郎「西田哲学」などが並ぶ。下村は西田幾多郎門下の哲学者。ライプニッツの研究などで知られた。吉野や下村のように、研究所員以外も活動に加わっていたのである。

「二十世紀教室」第二期は、九月一五日から一一月九日まで。「原書講読」という別立てのジャンルはなくなって、基本的に講義だけになった。

清水、久野、宗像誠也、桑原武夫による「プラグマティズム」。宗像と桑原は研究所員ではない。宗像は「教育」、桑原は「芸術」の面からプラグマティズム思想を講義している。桑原とその論文「第二芸術」については、後にふれる。

このほかに、所員では、林「唯物史観」、大河内「マルクス資本論」、丸山「近代日本政治の諸問題」、川島「家族制度」、飯塚「東洋社会」など。所員以外では、下村「田辺哲

学」、中村光夫「日本文学」、勝間田清一「農村協同組合論」、藤林敬三「労働組合論」など。

中村は、若くして文壇に登場した気鋭の文芸評論家。後に『風俗小説論』などを著し、文学史に大きな足跡を残すことになる。勝間田は戦中、農林畑の革新官僚として企画院事件にかかわる。一九四七年、社会党の衆議院議員となり、後に委員長も務めた。藤林は労働基準法などいわゆる労働三法の制定にかかわり、後に中央労働委員会会長などを務めた経済学者である。所員以外でも、その道の一流の専門家が加わっていたことが分かる。

翌一九四七年五月五日から六月二日には、「二十世紀教室」の第三期が開講された。講義は、所員の渡辺慧「因果律について」、高橋義孝「文芸学序説」など六つが開講されている。

以上の「二十世紀教室」は一ヵ月ほどの期間で開かれているが、数日あるいは一回だけの講演会スタイルの「教室」もあったようだ。これについては残念ながら記録は目にしていないが、鶴見俊輔が、「戦争が終わって二年たったくらい」のころ、二十世紀研究所が主催する花田清輝の「八犬伝について」という講演を「広告を見て、金を払って聞きにいった」という思い出話を書いている（『鶴見俊輔集2——先行者たち』）。

地方でも短期の「二十世紀講座」が開かれた。これは、雑誌『人文』の「学界消息」欄で知ることができる。『人文』は、文部省の肝いりで学界横断組織として生まれた人文科学委員会（後に日本人文科学会）の機関誌である。創刊号と第二号（いずれも、一九四七年刊行）の「学界消息」欄に「二十世紀研究所」の項目がある。「二十世紀講座」の開催状況は次の通りである。

一九四六年七月一九～二一日、金沢、福井、高岡の各市。参加者は、清水、大河内、中野、宮城、丸山、細入。一〇月二六～二八日、京都市。参加者は、清水、大河内、林、宮城ら。一二月七、八日、京都市。参加者は、中野、飯塚、岸本誠二郎、湯川秀樹。岸本は所員で経済学者。湯川は一九四九年、日本人初のノーベル賞（物理学賞）を受賞する。このときは「科学的思考について」と題して講演している。一九四七年二月一五～一七日、名古屋市と愛知県刈谷町。岸本、宮城、丸山ら。丸山は名古屋と刈谷の両方で「現代政治意識の分析」と題して講演している。所長の清水は当然として、丸山が積極的に参加しているのが目を引く。

「二十世紀教室」の第三期（一九四七年五～六月）は、講師の数がわずか六人だった。第二期（一九四六年九～一一月）の十七人から一気に規模が縮小している。設立から一年ほどで活動はすでにピークを過ぎてしまったようだ。地方の「二十世紀講座」も開かれなくなる。だが、短い期間とはいえ、そうそうたる人々が一般の聴衆に向けて活発な啓蒙活動を行ったことはまちがいない。

講義録などの出版も

「二十世紀教室」のほか、二十世紀研究所の活動として出版にもふれておくべきだろう。出版は前述のように当初から活動の一分野になっていた。講座と同様、こちらも羊頭狗肉ではなかった。やはり本格的に取り組んでいる。

国立国会図書館と早稲田大学中央図書館の蔵書目録によって、「二十世紀教室」と題した二十世紀研究所編集の叢書が八冊刊行されていることを確認できた。版元はいずれも白日書院である。

「二十世紀教室1」は、一九四七年六月一〇日発行の下村寅太郎『西田哲学』。下村は、「二十世紀教室」の第一期で「西田哲学」について講義しており、この速記をもとに刊行されたものである。早稲田大学中央図書館で「実物」を手にできた。百四ページの薄手の本である（ちなみに、定価は二十五円）。下村は「跋」に、次のように書いている。

本書は、昨年夏、二十世紀教室でした二回の講演の速記である。もともと卒然として行われた談話にすぎず、同教室の講義が公刊される規定になっているという理由の外には、著者自身には改めてこれを公にする動機も意図もない。(仮名遣いは現代仮名遣い、旧漢字は適宜、常用漢字に改めた。以下、同様の場合は同じ)

ずいぶんと冷めた書き方だが、いずれにしろ、二十世紀研究所には「二十世紀教室」の講義を公刊する規定があったようだ。続いて、清水幾太郎・久野収『プラグマティズムI』と桑原武夫・宗像誠也・清水幾太郎『プラグマティズムII』が刊行されている。これも第二期の講義をもとにしたものである。

三冊目になる『プラグマティズムII』の末尾に「『二十世紀教室』の刊行に際して」と題した清水の一文が載っている。こちらは、なかなか熱っぽい。二十世紀研究所の啓蒙的なねらいを前面に打ち出している。以下は、その全文。

吾が二十世紀研究所は、創立以来、内部的には研究調査の事業を進めて来たが、他面、外部に向っては東京及び広く各地に「二十世紀教室」を開催して、都市及び農村の青年に呼びかけて来た。本叢書「二十世紀教室」は、実にこの講座の速記録であり、この意味において吾々の対外的活動の足跡にほかならぬ。

用語及び叙述の難解は吾が学術の通弊であり、従来これがために学術の進歩と普及とは如何に妨げられたことであろう。平易な表現は、当初から吾々の講座の掟であったが、今この口述されたものを原型のまま出版することによって啓蒙の趣旨を更に徹底し得ると考える。

この叢書は書架に飾られることを願うものではなく、友から友の手に渡って、その手垢に汚れることをこそ欲している。一人でも多くの読者を得て、その生活の反省と実践とに役立つことを、そして各方面の真面目な批判に接し得ることを、私は望んでいる。

本はかなり売れたようだ。しかし、規定通りに講義が次々と刊行されることは、残念ながらなかった。『プラグマティズムⅡ』には「続刊」として七冊の書名が並んでいる。このうち刊行されたのは、岸本誠二郎『経済学の基礎理論』、林健太郎『歴史学の方法』、高島善哉『経済社会学の構想』、原田鋼『政治思想史』の四冊で、中村哲『国家論』、大河内一男『国富論』、丸山眞男『政治とは何か』の三冊は未刊に終わった。

このほか、「続刊」の目録にはないが、蠟山政道《ろうやままさみち》『政党の研究』という本が、一九四九年に「二十世紀教室8」として刊行されている。

叢書「二十世紀教室」のほか、『季刊社会思想』(第一巻三号)収録の資料によると、版元は同じ白日書院から『二十世紀研究所紀要』が二回刊行されたことが分かる。表題は、「唯物史観研究第1集「物」の概念」と「唯物史観研究第2集 主体性・主体的立場」である。こちらは啓蒙的な講座活動でなく、研究報告ということになろうが、中身は分からない。

このほか、国会図書館には、「二十世紀研究所編」の図書が六冊所蔵されている。書名は『文学教室』『哲学教室』『社会体制講座』など。『文学教室』には、鶴見俊輔が聴きにいったという花田清輝の「八犬伝について」が収録されており、「二十世紀教室」以外に開かれた講演会の内容を本にしたもののようだ。福田恆存の「現代小説の形態」も入っている。「二十世紀教室」の講師陣には名前の見えなかった福田も、所員として活動に加わっていたことが分かる。

「悔恨共同体」としての二十世紀研究所

二十世紀研究所がスタートした一九四六年二月における主要人物の満年齢をみてみよう。所長・清水幾太郎は三十八歳。大河内一男四十一歳、中野好夫四十三歳は少し年長だが、丸山眞男は三十一歳、林健太郎は三十三歳。福田恆存も同じ三十三歳である。

所員たちが地方に講演に行ったとき、旅館の二階の部屋で夜遅くまで大声の議論が続き、階下の泊り客から「いい加減にしろ」と怒鳴られて、ようやく終わった、というエピソードを清水が披露している（「対談二十世紀研究所」）。若いエネルギーにあふれていた状況が垣間見える。林も「（二十世紀研究所は）誠に新鮮味と才気に溢れた個性的な集団だった」（『移りゆくものの影』）と楽しげに回顧している。

清水の回想をもう一つ引く。

あの頃、誰だったでしょうか、私のことをハーゲンベックと呼んだ人があります。ハーゲンベックというのは、有名な猛獣サーカス団の団長です。しかし、私はみんなを猛獣とも思わなかったし、また自分が猛獣を使いこなしているとも思いませんでした。むしろ、敗戦後の状況が、年齢や立場の違う私たちの間に新しい自然な友情を生み出していたと見るべきでしょう。

戦後間もない時期に知識人を覆っていた精神状況を「悔恨共同体」と呼んだのは、丸山眞男だった(「近代日本の知識人」『丸山眞男集』第一〇巻)。

戦争に反対して辛い目にあった少数の知識人でさえも、自分たちのやったことはせいぜい消極的な抵抗ではないか、沈黙と隠遁それ自身が非協力という猜疑の目でみられる時代ではあったとはいいながら、我々の国にはほとんどいうに足るレジスタンスの動きが無かったことを、知識人の社会的責任の問題として反省せねばならない、もしそれが日本における権力や、画一的な「世論」にたいする抵抗の伝統の不足に由来しているならば、われわれは日本の「驚くべき近代化の成功」のメダルの裏を吟味することから、新らしい日本の出発の基礎作業をはじめようではないか。日本の直面する課題は旧体制の社会変革だけでなく、われわれ自身の「精神革命」の問題である——そうした考えから「これまで通りではいけない」という気持は、非協力知識人の多くをもとらえていた、と思います。
……知識人の再出発——知識人は専門の殻を越えて一つの連帯と責任の意識を持つべきではないか、そういう感情の拡がり、これを私はかりに「悔恨共同体」と呼ぶわけです。

清水が語っているように、二十世紀研究所に集った人々は当時にあっても立場がちがった。だが、それはまさしく「専門の殻を越えて一つの連帯と責任の意識を持つべきではないか」と考えた知識人たちの集団だったといえるだろう。二十世紀研究所は「悔恨共同体」の一つの具体的なかたちだったのである。

むろん、そこに集った人々の「悔恨」の深さや質はさまざまだっただろう。だが、そこにはやはり悲惨な結果に終わった戦争に対する「悔恨」と呼べる精神的態度が共有されていたはずだ。だからこそ、彼らは清水の呼びかけに応えて、ひとときとはいえ、啓蒙活動に燃えたのである。

「悔恨共同体」の広がり

「二十世紀教室」や地方での講演会は、どこも盛況だった。特に地方では「東京を遥かに上廻る人気で、多くの人たちが文字通り幾つも山を越えて殺到したものです」という。研究所の講師たちが説いた「学問」と聴衆が求めていたものとの間にはミスマッチがあったことも清水は指摘しているのだが、多くの人々が真摯な関心を抱いて集まってきたことはまちがいない。

清水は「当時は、文化活動にしろ、最良の聴衆および読者を得ることが出来た時代といえるでしょう。みんな例外なく真面目に聞いたり読んだりした時代です」と語り、その背景について、次のように指摘している。

戦争および敗戦という、この上ない悲惨残酷な現実を経験しているのですから、殺人事件や離婚問題をいかにセンセーショナルに扱ってみても、誰一人振り向きはしません。――要するに、みんなが本気だったのです。

丸山は知識人の「悔恨共同体」を指摘したのだが、「悔恨」は何も知識人の占有物だったわけではないはずだ。多くの日本人が、さまざまなかたちの「悔恨」を抱いて、その時代を生きていただろう。

「悔恨」の対象は、いうまでもなく、終わったばかりの戦争に向けられていた。「なぜ、こんな悲惨な結果をもたらす戦争をしてしまったのか」「私たちの国には、いったいどんな欠陥があったのか」という共通の問いかけが、そこにあった。敗戦の現実の中で、人々は国家や社会のあり方を「本気」で考えることになったのである。

こうした「悔恨共同体」の広がりを受け、焼け跡の街に次々に「総合雑誌」が誕生した。章を改め、この「総合雑誌」の時代と、やがてその中心を占めることになる雑誌『世界』(岩波書店)の創刊についてみていこう。

第二章　「総合雑誌」の時代——『世界』創刊のころ

講談社にまかせておけない

岩波書店に勤めていた吉野源三郎は、一九四五年八月一五日、家族が疎開していた信州・追分で、天皇の玉音放送を聞いた。前日、東京から家族の見舞いにきたのだが、ゆっくり話す間もなく、その日のうちに東京に戻ることになった（吉野源三郎『職業としての編集者』）。

帰京した吉野は、翌日か翌々日、岩波書店店主（当時、岩波書店はまだ個人商店だった）の岩波茂雄に会う。岩波は意気軒昂で、出版活動再開の構想を雄弁に語った。その一つの柱が「新たな総合雑誌の創刊」だった。

日本にはすぐれた文化がありながら、それが大衆から離れたところにあって、結局、軍部や政府の暴挙を抑えることができなかった。岩波書店も在来のアカデミックな枠から出て、もっと大衆と結びついた仕事をやる必要がある。大衆文化を講談社だけにまかせておくわけにはいかない。総合雑誌や大衆雑誌をどんどん出版していこうではないか。

——吉野が記す岩波の提案を要約すると、こんなことになる。ここにも出版人としての「悔恨」の一つのかたちがあった。

岩波が講談社への対抗心をあらわにしていることが興味深い。講談社（当時の社名は、大日本雄弁会講談社）は、「講談社文化」と「岩波文化」という対比がいわれるように、岩波書店の対極のタイプの出版社だった。雑誌『キング』（後に『富士』と改題）など大衆的な雑誌によって成長した。一方、岩波書店は「岩波文庫」が象徴するように、知識人とその予備軍である学生に向けた単行本を多く刊行してきた。

吉野は、この構想に乗り気ではなかった。雑誌の編集経験がなかったし、スタッフもいなかったからである。だが、総合雑誌発刊は急速に具体化していった。

ただ、岩波茂雄が考えたような「大衆と結びついた仕事」としての総合雑誌は、ついには誕生しなかった。やがて創刊された雑誌『世界』は「岩波文庫」とはちがうかたちで、戦後の「岩波文化」を形成していく。その意味で、岩波茂雄の「講談社にまかせておけない」という思いは達成されなかったといった方がいいかもしれない。

同心会のオールド・リベラリストたち

吉野の躊躇をよそに総合雑誌創刊が急速に具体化した背景には、同心会の存在があった。同心会は敗戦直前に作られた文化人の集団である。安倍能成《あべよししげ》、志賀直哉、武者小路実篤、山本有三、和辻哲郎、田中耕太郎、谷川徹三らが中心で、人文社会科学の分野では、津田左右吉、鈴木大拙、小泉信三、大内兵衛、横田喜三郎、高木八尺《たかぎやさか》ら、ジャーナリズム関係では、石橋湛山、関口泰、松本重治ら、文学者は、広津和郎、長与善郎、里見弴《さとみとん》、さらに安田靫彦《やすだゆきひこ》、小林古径《こばやしこけい》、梅原龍三郎、安井曾太郎といった画家も加わっていた。

すでに「大家」として認められていた人を含めて、それぞれの分野で相応の地位を得ていた人々がずらりと並んでいる。岩波書店の経営にも参画していた安倍をはじめ、多くの人々が岩波茂雄と交友があった。

この同心会が敗戦間もない時期、総合雑誌を出したいと、岩波に相談した。同心会のメンバーは後にしばしばオールド・リベラリストと呼ばれるようになる。

オールド・リベラリストを、一言で説明するのは難しい。明らかなのは、まず世代的な区切りである。丸山や清水から、一つ下の世代からみた「オールド」というわけだ。彼らは、戦前日本が「戦争」に向けて熱狂していく以前、大正期にデモクラシーの風潮とその余波の中で人格を形成した。

小熊英二が指摘しているように、戦後社会に比べてはるかに階層差が大きかった戦前社会にあって、知識人の多くは恵まれた都市中産階層の出身だった（『〈民主〉と〈愛国〉』）。

その結果、社会の根底的な変革を求める共産主義への嫌悪ないしは違和感を共有することにもなった。

だが、彼らの世代も、丸山らとはちがうかたちではあったとしても、やはり「悔恨」の思いをかかえていた。それが岩波への総合雑誌創刊の提案につながったのだろう。

新しい総合雑誌創刊を構想していた岩波茂雄にとって、同心会のこの申し出は、ある意味で「渡りに船」だっただろう。安倍の指揮のもと、吉野が編集実務を担当して、新しい総合雑誌『世界』を創刊することが決まる（安倍は、当初は実質的にも「編集長」だったようだが、一九四六年一月、幣原喜重郎内閣の文部大臣に就任したため、吉野が編集長を務めることになった）。『世界』という誌名は、同心会メンバーの一人、谷川徹三の命名だった。

もっとも同心会の考えと岩波茂雄が思っていたこととは、少しズレがあったようだ。同心会の側は『世界』を自分たちの機関誌と考えていた。これに対して、岩波は、同心会を自分のところから創刊する総合雑誌の有力な支援者と想定していた。このズレが具体的にどのような軋轢を生じたかは分からないが、結局、同心会メンバーは一九四八年七月、別に『心』を創刊することになる。

こうした経過を経て、一九四五年一二月、『世界』創刊号（一九四六年一月号）が発売された。百九十二ページ、定価は四円である。

「新日本の文化建設のために」

『世界』創刊号には、ともに「創刊の辞」というべき文章が二つある。吉野は「二つできてしまった」と書いている（『職業としての編集者』）。一つは、同心会メンバーの田中耕太郎のもの。民法・国際法・法哲学など多彩な分野に業績を残した法学者で、当時、東京大学教授。後に最高裁長官になった。もう一つは、岩波茂雄のもの。「できてしまった」と書いているのだから、吉野も困ったのだろう。このあたりにも、雑誌に対する同心会と岩波側のズレがうかがえる。吉野は、田中のものを巻頭に、岩波のものを巻末に載せた。

田中の「巻頭の辞」は三ページにわたる長文で、冒頭から格調高い。

> 太平洋戦争は我国有史以来未曾有の屈辱的降服を以て結ばれた。我々の前途には暗澹たる不安と混乱とが横わり、国民一人一人が悉く深刻な受難の唯中に在る。
> 併しこの終戦と同時に、戦争中の無理と虚偽と擬勢と不正とは暴露され、我が国民は今こそ現実に立って真理を仰ぎ、新たな発足をせねばならなくなった。

次は「為す可きことは極めて多い」として指摘されている部分から。

固陋にして背理な国粋主義や神がかりを払拭すると共に、伝統の美質を発揮せねばならない。学界言論界を粛正し、特に学者知者の操守と勇気とを強調し、公正な論議や批判を活発にせねばならない。何よりも民衆の質的向上と民意の健全な昂揚とによって社会正義を実現し、これを病的なアナーキーから救い、新たに台頭する権力の横暴独裁に備えねばならない。

「病的なアナーキー」や「新たに台頭する権力の横暴独裁」といった表現には、早くも社会主義勢力への強い反発がうかがえる。同心会のオールド・リベラリストたちと、間もなく『世界』を舞台に活躍する戦後進歩派の人々との思想的な差異が、ここに読み取れる。

一方、九月に脳出血で倒れ、療養の床で筆を取った岩波の文章は、「『世界』の創刊に際して」と題されている。岩波は、一九四〇年、『古事記及日本書紀の研究』など津田左右吉の三冊の著書の版元として津田とともに出版法違反に問われた経験がある。それだけに自己批判を含めて吐露した出版人・岩波茂雄の真情を、読者は厳粛な思いで読んだだろう。

年来日華親善を志していた私は、大義名分なき満州事変にも、もとより絶対反対であった。また三国同盟の締結に際しても、太平洋戦争勃発に際しても、心中憂憤を禁じ得なかった。その為めに自由主義者と呼ばれ、否戦論者とされ、時には国賊とまで誹謗され、自己の職域をも奪われんとした。それにも拘らず大勢に抗し得ざりしは、結局私に勇気がなかったためである。……

天地に大義あり、人間に良心あり、真理に優りて強きものあるなし。我等母国の癌を手術し得ず、武備を捨つるに到りしも、此無条件降伏は、驕慢を粉砕する為に我国人に与えられた昭和の神風となし、謙虚敬虔国家の理想に精進せん。道義を根幹とし文化の栄ゆる社会は人類の理想であらねばならぬ。……

日本の開戦も我国道義と文化の社会的水準の低かったことに基因する。今この国難に際会して、新日本の文化建設のために私もまた寸尺の微力を捧げたいと思う。茲に『世界』を創刊するも此の念願の一端に外ならない。

岩波は翌年四月二五日、死去する。創刊に際して自ら熱い願いを語った『世界』のその後を長く見とどけることはなかった。

金ボタンの秀才のような雑誌

『世界』は、私たちにとって「戦後進歩主義のオピニオンリーダー」というイメージが強いが、創刊号はいささか雰囲気がちがう。

巻頭論文は、安倍能成「剛毅と真実と知恵とを」。戦時下のモラル低下を指摘し、「道義」の再建を説いた内容だ。以下、目次には、美濃部達吉「民主主義と我が議会制度」、大内兵衛「直面するインフレーション」、和辻哲郎「封建思想と神道の教義」などが並んでいる。「天皇機関説」事件で沈黙を余儀なくされていた美濃部は久々の登場だった。このほか執筆者は、三宅雪嶺、尾崎咢堂（行雄）、谷川徹三ら。

創刊の事情から当然のことだが、同心会メンバーが目立つ。執筆者の年齢も尾崎の八十七歳を最高に、三宅八十五歳、美濃部七十二歳、志賀六十二歳と、相当に高い。「若手」は、桑原武夫四十一歳、湯川秀樹三十八歳、中村光夫三十四歳といったところ。

吉野源三郎は、一九四五年九月末、東京・高円寺で行われた哲学者・三木清の通夜の日の思い出を記している（『職業としての編集者』）。三木は、治安維持法違反で逮捕され、未決勾留中、九月二六日、獄死した。岩波書店刊行の雑誌『思想』をはじめ、岩波書店とのかかわりが深かった。

通夜からの帰り道、財政学者・大内兵衛が一緒だった。大内はすでに述べたように『世界』創刊号に執筆している。同心会メンバーだったが、他の人々とはちがって、その後も長く『世界』の常連執筆者となる。

二人の会話は自然、創刊が決まった新しい雑誌のことになった。大内は、こんなことを話したという。

吉野君、こんどの雑誌はあまり威勢のいいものにしないようにしようじゃないか。調子の高いラディカルなものばかり並べないで、僕ぐらいの年配の者が書いてもおかしくない、落ち着いたものにした方がいい。それでいて、何年かたってみると、戦後の進歩や思潮の本流がちゃんと辿れるようにするんだな。

吉野は「私もそうするつもりです」と答えた。ちなみに、「僕ぐらいの年配の者」と語っている大内は、このとき五十七歳。

たしかに創刊号に載った論文は「調子の高いラディカルなもの」はなく、「落ち着いたもの」ばかりというべきだろう。創刊号は八万部刷って、たちまち売り切れた。「すべり出しは上々だったが、玄人筋からは金ボタンの秀才のような雑誌だと批評され、左翼からは保守党左派の雑誌だと冷評された」という(『職業としての編集者』)。

オールド・リベラリストがずらりと並んだ『世界』創刊号を見ると、この「批評」はなかなかに的を射ている気がする。だが、「保守党左派の雑誌」は時代の中で急速に変貌を遂げていく。その点については、同誌に載った言論の中身も含めて、後にふれる。

活字に飢えていた時代

次頁の写真を見てほしい。初めて見た人は、説明を読まなければ、いったい何の写真か分からないだろう。そして、説明を読んだ後、「へーっ」と驚くだろう。私も最初にこの写真を見たときは、本当にびっくりした。

一九四七年七月一九日、岩波書店から『西田幾多郎全集』の第一巻が発売された。この写真は一九日未明か早朝に撮影されたものと思われるが、岩波書店営業部前の道路に寝て、

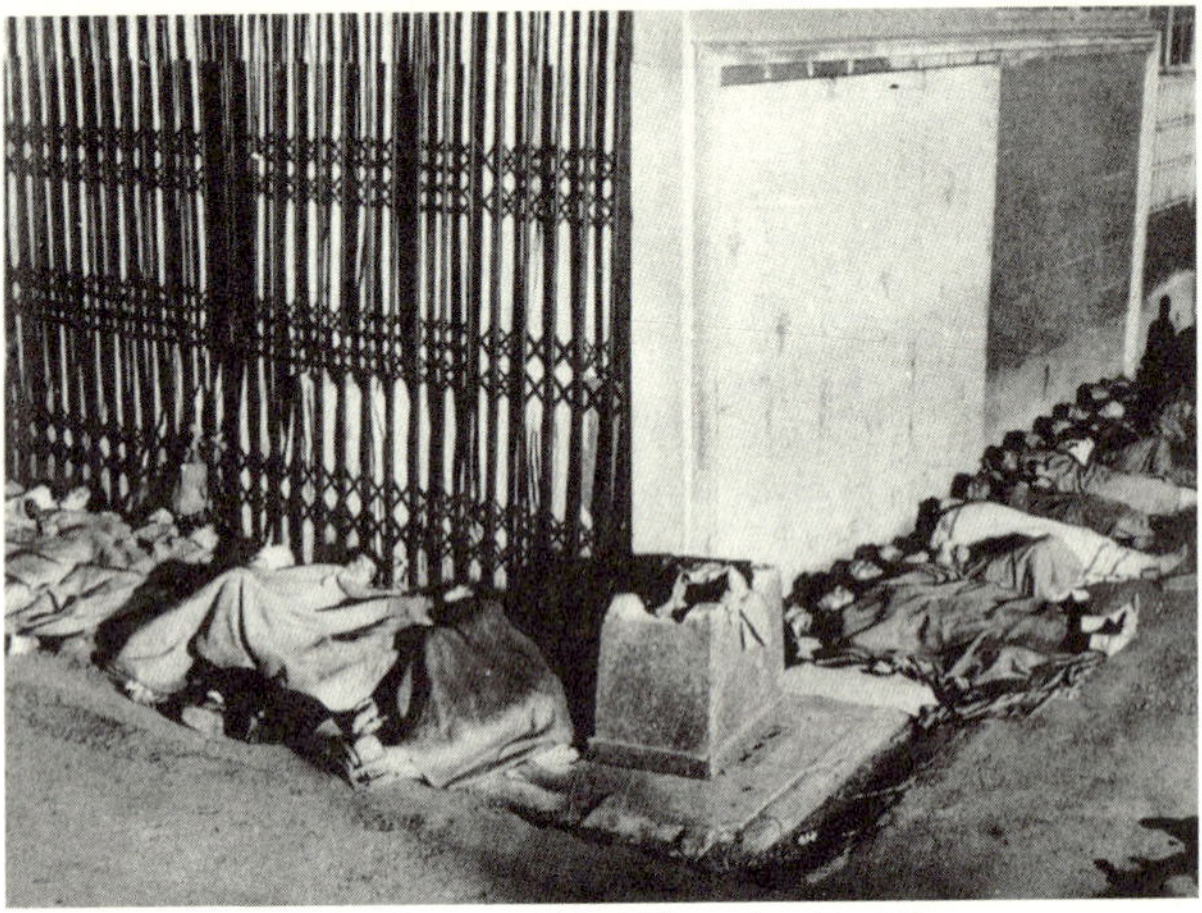

『西田幾多郎全集』発売を待つ人々（朝日新聞1947年7月20日）

『西田幾多郎全集』の発売を待つ人たちの光景である。

当時、雑誌『文藝春秋』編集長だった鷲尾洋三の回想を、半藤一利が記している（毎日新聞社編『岩波書店と文藝春秋』）。

それは異様な行列だったという。将校服、つぎはぎだらけのジャンパー、だぶだぶの国民服……さまざまな服装の若者たちが行列を作っていた。行列は岩波書店の前から始まり、えんえん駿河台の方まで並んでいた。

これは発売当日の光景だ。行列は三日前の一六日夕方から出来始めた。最初の方に並んだ人は三晩泊り込みで発売を待ったことになる。

半藤は当時、岩波書店の支配人代理だった小林勇から聞いた話も記録している。岩波書店は戦火が激しくなるとともに戦前に刊行した単行本の紙型（いまとちがって本は鉛の活字を使った活版印刷だった。紙型は活字を組んだものを硬い特別の用紙に押し付けて作る。紙型に鉛を流し込めば、ふたたび活版印刷ができる）を長野県に疎開させていた。

終戦とともにその紙型を東京に持ち帰り、出版活動を再開した。『西田幾多郎全集』は新しい企画だったが、本の製作には疎開させていた紙型を使った。問題は、紙の制約だった。紙不足は深刻で、刊行部数は限られていた。このときは七千部ほど印刷したが、本社での直販分は二百五十部だった。行列は千五百人に及んでいたというから、せっかく並んでも買えなかった人もたくさんいたわけだ。

二時間で売り切れ？

戦後間もない時期の出版状況は、よく「カストリ雑誌の時代」といわれる。「カストリ雑誌」は、三合呑むと酔いつぶれてしまうカストリ（粗悪な密造酒）のように三号も出せば廃刊してしまう、ということから、そう呼ばれたらしい。

出版を規制した法令がなくなり、たしかに、この時期、犯罪や性生活などを対象にした猟奇的な読み物を売り物にした大量の雑誌が登場した。出版史研究家・福島鑄郎《ふくしまじゅろう》によると、大衆向け雑誌の創刊は、一九四六年・百二十九誌、一九四七年・二百九十八誌、一九四八年・三百七十八誌どいうから、ものすごい（『新版 戦後雑誌発掘』）。

だが、活字に飢えていた人々が求めたものは、何も安手の娯楽読み物だけではなかった。『西田幾多郎全集』への空前の行列が、それを教えてくれる。だからこそ、「金ボタンの秀才のような雑誌」の創刊号八万部もたちまち売り切れたのである。この時期、総合雑誌が相次いで創刊される。量こそずっと少ないとはいえ、「カストリ雑誌の時代」はまた「総合雑誌の時代」でもあったのだ。

戦後最初に創刊された総合雑誌は『新生』である。創刊号は一九四五年一〇月一八日に発売された。八月一五日の玉音放送から、わずか二カ月余り。三十二ページ、定価一円二十銭。発行部数は三十六万部だったという（「新生」復刻編集委員会『回想の新生』）。この部数は、いささか多すぎると思うのだが、確かなデータはない。日本産業新聞社（現・日本経済新聞社）の輪転機で印刷したという。

定価一円二十銭はけっして安くなかったのだが、飛ぶように売れて、一日で売り切れになった。二時間で売り切れたという説もあるという(木本至『雑誌で読む戦後史』)。版元は新生社。社長の青山虎之助は戦後、出版界に飛び込んだ風雲児で、青山と新生社の軌跡も興味深いが、出版史への深入りは割愛せざるを得ない。

『新生』以外に、この時期、創刊された総合雑誌は、『雄鶏通信』『世界文化』『日本評論』『思潮』『潮流』『朝日評論』など、枚挙にいとまない。

『世界』はこれらの創刊雑誌のトップを走って、まさに売れに売れた。創刊号八万部がまたたくまに売り切れになった話は、すでに書いた。毎号完売だった。吉野は一九四六年九月号の「編集後記」に、次のように記している。

この夏全国の小売書店の注文を配給会社が集計した結果によると、この雑誌に対する注文は二十八万部に上るそうだ。

全国の書店主たちは毎月毎月、「『世界』は売り切れました」という言葉を客に繰り返していたことだろう。この時期の『世界』の発行部数は依然として八万部のままだった。次は、吉野の「うれしい悲鳴」といっていいだろう。

これ以上発行部数を増すことは用紙量の関係で到底不可能であるばかりか、実は現在の部数を維持することすら、私たちとして自信があるとはいえないのである。この点はくれぐれも御諒解いただきたいと思う。

伝統二誌も復刊

新興の雑誌が相次いで登場した一方、『世界』創刊と時期を同じくして、戦前からの伝統を誇る総合雑誌『中央公論』と『改造』が復刊する。『中央公論』復刊号（一九四六年一月号）は「再建第一号」をうたい、「我等の指標」と題した「再建の辞」を掲載した。

本誌は、去る昭和十九年七月、東条内閣の下、戦時世論指導に有害なりとして弾圧され、六十年の伝統を一時中絶、廃刊するの悲運に際会した。……今や終戦の事となり、敗戦日本より再建日本への機運は到来した。ここに本社は新たなる陣容を整備して、この新日本の再建運動の一翼を担うべく先ず自らの再建を企図し、再び江湖に見ゆることとなった。

『世界』創刊号の田中耕太郎の「創刊の辞」ほど高い調子ではないが、東条内閣の弾圧で廃刊に追い込まれたことから書きおこし、岩波茂雄の「『世界』の創刊に際して」が、「新日本の文化建設」を語っていたのと同じように、「新日本の再建運動」への参画を表明している。

「我等の指標」として掲げられたのは、「自由なる平和的民主主義思想を涵養し、世界に於ける日本の地位の向上に資したい」「道理と科学精神とに基いて新日本文化の創造的自主性の確立に努めたい」などの五項目だった。

後にふれるように、『中央公論』にも「戦後」論壇史を飾る重要論文がいくつも載る。

『展望』と『思想の科学』

カストリ雑誌の多くが、その命名の由来通り(?)大半が短期間に消えてしまったように、「総合雑誌の時代」を彩った雑誌の多くも長くは続かなかった。戦後最初の総合雑誌の栄光をになった『新生』は、それでも「誌命」は比較的長かった。短期間の休刊をはさんで一九四八年一〇月号まで三年余り、刊行されている。

多くの雑誌が消えていったのは、つまりは淘汰の過程だった。そこで生き残った雑誌は『世界』をはじめとして、戦後論壇の主要な場となっていく。そうした生き残った雑誌の一つとして、論壇的にも重要なものは、筑摩書房が創刊した『展望』である。

『展望』は、一九四六年一月号でスタートした。『世界』創刊、『中央公論』復刊と同時である。一九五一年九月号で休刊したから、あるいは「生き残った」とはいえないかもしれないのだが（一九六四年一〇月号で復刊、七八年九月号をもって再休刊）、文芸評論家としても活躍した臼井吉見を編集長に迎え、『世界』とはかなりちがった雰囲気をかもしだしつつ、丸山眞男「肉体文学から肉体政治まで」（四九年一〇月号）や、竹内好「日本共産党に与う」（五〇年四月号）など、多くの重要な論文が掲載された。

もう一つ、戦後論壇の出発という意味では、総合雑誌とはいえないが、『思想の科学』創刊にもふれておくべきだろう。『思想の科学』は、武谷三男、武田清子、都留重人、鶴見和子、鶴見俊輔、丸山眞男、渡辺慧の七人の同人による「思想の科学研究会」によって、一九四六年五月に創刊された。欧米の最新思想の紹介を積極的に行い、人々に新しい時代の到来を実感させた。

『思想の科学』は一九六一年一二月、当時の版元の中央公論社が「天皇制特集号」を廃棄するという事件に遭遇する。この事件に関しては後にふれるが、雑誌は翌年三月から自主刊行に移り、一九九六年五月号まで刊行された。「生活者」としての大衆に目を向け、多くの執筆者を育て、論壇誌としてもユニークな存在だった。

「舞台」作りの話が続いた。もちろん、こうした「舞台」ができていった過程そのものも、「論壇の戦後史」の重要な部分にほかならない。とはいえ、そろそろ演じられた「劇」を見にいくことにしたい。

第三章　天皇・天皇制——津田左右吉と丸山眞男

時代は激動していた

『世界』一九四六年二月号（創刊二号）には、清水幾太郎の『世界』でのデビュー作「街頭の青年達」が載ったが、田中耕太郎、竹山道雄、安倍能成といった人たちが執筆し、全体としてやはり穏健な印象である。

一方、時代は激しく動いていた。

この年、一月一日、天皇が、いわゆる「人間宣言」と呼ばれる詔書を出し、自ら神格を否定した。四日、GHQ（連合国軍最高司令官総司令部）が軍国支配者と指定した人々を公職から追放した。二六日、中国・延安から日本共産党の指導者・野坂参三が帰国し、日比谷公園で熱狂的な帰国歓迎国民集会が開かれた。野坂はその席で、「愛される共産党」を打ち出し、「民主戦線」結成を提唱した。

前年一二月に労働組合法が公布されたことにより、各地で次々に労働組合が生まれた。労働者による生産管理を求める労働組合と会社側との激しい闘争があちこちで起きていた。

新しい憲法制定も急速に進んでいた。二月一日、毎日新聞が天皇大権を保持する政府の憲法問題調査会の改憲要綱をスクープする。GHQは独自に憲法草案の検討に入り、二月一三日、日本政府に象徴天皇・戦争放棄などを含む草案を手渡した。旧体制が音を立てて瓦解する中で、まださだかに見えてこない新しい体制の内実をめぐって、さまざまなレベルで活発な運動と論議が行われていたのである。焦点の一つは、戦争責任を含めた天皇の問題であり、明治憲法が規定していた天皇を戴く国家体制（天皇制）を、どのように変えるのか、あるいは変えないのかという問題だった。

「われらの天皇」を愛さねばならぬ

『世界』編集長・吉野源三郎は、『世界』創刊が決まると間もなく、岩手県平泉に疎開していた津田左右吉に、雑誌創刊を報告するとともに新しい雑誌への寄稿を依頼する手紙を出した（『職業としての編集者』）。

津田が著書『古事記及日本書紀の研究』などによって岩波茂雄とともに出版法違反に問われたことは前にふれた。吉野はそうしたいきさつがあっただけに、新しく創刊する雑誌には、ぜひとも津田に執筆してもらいたかったのである。「日本史の研究における科学的方法」というのが、吉野が依頼したテーマだった。

津田から二回に分けた原稿が届いたのは、翌年一月末か二月だったという。沈黙を強いられていた津田にとっても、ようやく自分の書きたいことが書ける時代になったという昂揚する気分があったのだろう。

原稿にはそれぞれ、「日本歴史の研究に於ける科学的態度」と「建国の事情と万世一系の思想」という表題がつけられていた。前者は三月号に掲載された。問題は、後の方だった。

実証史学の立場から、『古事記』『日本書紀』に光を当てた津田は、「建国の事情と万世一系の思想」で、「国民の皇室」「われらの天皇」に対する熱烈な愛情を吐露していた。たとえば、こんなふうに。

国民とともにあられる故に、皇室は国民と共に永久であり、国民が父祖子孫相承けて無窮に継続すると同じく、その国民と共に万世一系なのである。

そして、結びの部分が強烈だった。

国民みずから国家のすべてを主宰すべき現代に於いては、皇室は国民の皇室であり、天皇は「われらの天皇」であられる。「われらの天皇」はわれらが愛さねばならぬ。……二千年の歴史を国民と共にせられた皇室を、現代の国家、現代の国民生活に適応する地位に置き、それを美しくし、それを安泰にし、そうしてその永久性を確実にするのは、国民みずからの愛の力である。国民は国を愛する。愛するところにこそ民主主義の徹底したすがたがある。……そうしてまたかくのごとく皇室を愛することは、おのずから世界に通じる人道的精神の大なる発露でもある。

しかし、津田はこれらの言葉を、感情の赴くままに述べたわけではない。上代（古代）以来の歴史をたどり、歴史家・津田の手法で「万世一系の皇室という観念が生じまた発達した事情」を明らかにしたうえで、国民主権の時代における「国民の皇室」を説いたのである。

しかし、時代は先に述べたように、まさに天皇と天皇制のゆくえを焦点の一つにして、大きく揺れ動いていた。吉野は、津田の論文が政治的に利用されることを危惧した。戦前的な「国体」をできる限り護持しようとする保守派は、この論文を大きな援軍として受け取るだろうし、天皇制打破を叫ぶ左派からも強い批判をあびるかもしれない、と考えた。

羽仁五郎との「大げんか」

困惑した吉野は、津田に加筆を願うべく、平泉を訪れる。この間の経緯については、『職業としての編集者』に収録された「終戦直後の津田先生」に、吉野自身が縷々書きつづっている。そこではふれられていないのだが、吉野は、津田論文をめぐって、政治的利用ウンヌン以前に岩波書店内部に難問をかかえていた。当時、『世界』編集部員は吉野以外に三人だったが、津田論文を読んだ部員たちから、掲載中止を求められていたのである。この点は、当時、編集部員だった塙作楽《はなわさくら》が、著書『岩波物語——私の戦後史』で証言している。

一方、これも吉野は直接語っていないのだが、GHQの動向が大いに気になっていただろう。戦時下の出版規制法制は撤廃されたとはいえ、GHQによる検閲が始まっていた。「われらの天皇」への愛を直截に吐露した津田論文を、そのまま掲載して「大丈夫」だろうか、という懸念が吉野の頭をよぎったはずだ。

GHQによる検閲の問題には後にもふれるが、『世界』では、すでに安倍能成の創刊号巻頭論文が検閲によって二カ所削除される措置を受けていた。

こうした状況の中、吉野は歴史学者・羽仁五郎に津田論文を読んでもらう。羽仁が津田と交友があることを知っていた吉野は、加筆なり修正をしてくれるよう津田を説得してほしいと考えたのだろう。ところが、吉野によると、羽仁は「こんな論文はいま絶対に発表すべきではない、没書にしてしまえ」といったという。

吉野は「そんなことはできない。没書にするというなら、その主張の根拠を論文にしてほしい」と求めた。羽仁は「適任ではない」と辞退する。結局、相当の言い合いになった末、ボツには絶対できない、という吉野に対して、羽仁は、次のようにいったという。

それならば、君は、日本の革命が成功した暁に、この論文を発表した責任を追及されてもいいのか。そのとき、君の頸に縄がかかってもいいのか。(注)

――注・羽仁五郎が吉野源三郎にいったという、この言葉に関して、私は以前、『岩波書店と文藝春秋』に、「こんなものを載せたら、革命が起きればギロチンだぞ」と記した。この記載をいくつかの著書が引用している。ある歴史学者からは「出典はどこか」という問い合わせを受けた。私自身は当時、このときのことを取材した岩波書店関係者から、この通りの表現を聞いたのだが、活字に残った典拠はない。ここでは、吉野が『職業としての編集者』に記している表現に拠った。

吉野は、「そんなことで頸に縄をかけるというなら、かけてみたらいいだろう」と答えたという。相当な「大げんか」といっていいだろう。目論見が崩れた吉野は、長文の手紙を書いたうえで、自ら説得のために平泉に津田を訪ねる。

八ページにわたる「釈明」

津田は論文の終わりの方に数ヵ所の筆を入れただけで、結局、吉野の説得に応じなかった。吉野は次善の策として、津田論文掲載号に、津田に送った自分の手紙を採録することを申し出て、津田の許可を得る。

こうして、『世界』一九四六年四月号に、津田の「建国の事情と万世一系の思想」が載り、巻末近くに「編集者」の署名で「「建国の事情と万世一系の思想」について」という、三段組み八ページにわたる長文の文章が収録された。四百字詰め原稿用紙にすると、約三十枚に及ぶ。全体に碩学への遠慮と「しかし、どうにかしてもらわないと」という気持ちが交錯した煩雑で奇妙な文章なのだが、冒頭から、こんなぐあいだ。

本月号所載津田博士の論文の発表については、予め次ぎのような書翰が編集者から博士に送られ、それに基づいて博士が最後の部分に加筆されたことを読者に御報告しておかねばならない。

吉野は、津田の「われらの天皇」論が、「国体護持」派に政治的に利用される恐れを強調する。一方、津田に敬愛の念を抱いている「一般に進歩的と呼ばれる傾向の人々」の反発を招くことも危惧する。そして、津田の所説が反動的なものでないことを繰り返し説くのである。

野坂参三が、天皇制の問題を、①政治制度としての天皇制をどうするか、②天皇または皇室を将来存続させるかどうか、③現在の天皇個人をどうするか——という三つの側面から論じていることにふれ、「(津田)先生の御論説は……皇室擁護論ではあっても天皇制擁護論ではないと申せましょう」とも書いている。

端的にいえば、吉野は、「国体護持論」とも受け取られかねない論文を掲載したけれど、私たちは決して「反動」ではないですから、と「釈明」しているのだ。「釈明」の対象は必ずしも一般読者ではなかった。「釈明」は、何よりも、身内の編集部員を含む天皇制批判の人々にこそ向けられていただろう。

いずれにせよ、吉野はギロチンになることも、その頸に縄がかかることもなかった。二月六日、政府は、主権在民・象徴天皇・戦争放棄を規定した憲法要綱を発表し、マッカーサー元帥は、それを全面的に承認する声明を発した。津田論文が載った『世界』四月号が発売されたのは、その直後ということになる。

丸山論文の衝撃

津田論文の翌月、『世界』五月号に、丸山眞男「超国家主義の論理と心理」が載った。繰り返し、その「衝撃」が語られてきた高名な論文である。

丸山は戦中から『国家学会雑誌』に「近世儒教の発展における徂徠学の特質並にその国学との関連」などの論文を発表していた。学界ではすでにシャープな若手研究者として注目されていただろう。だが、学界を超えたレベルでは無名の人だった。どういう経過で丸山は『世界』に論文を発表することになったのだろうか。

丸山自身の回顧によると、一九四六年二月ごろ、吉野源三郎が塙作楽を伴って研究室に来て、依頼されたという（『丸山眞男回顧談（上）』）。塙は先に著書『岩波物語──私の戦後史』を紹介した。丸山とは小学校から旧制一高まで同窓だった。吉野は、丸山を推薦する田中耕太郎の手紙を持参していた。田中は、東京大学法学部の長老教授であり、この時期、『世界』とかかわりが深かった同心会メンバーであることは前にふれた。『丸山眞男著作ノート』によると、この論文は、三月二二日に書き終わったという。丸山は、この論文を「四、五日で書いてしまった」と語っている（『丸山眞男回顧談（下）』）。二月に依頼のあった論文を、この時期に一気に書いたということだろうか。「書いたテーマは注文ではない。こっちが勝手に書いたものです」（『丸山眞男回顧談（上）』）という。

そうすると、津田論文とは直接関係ないことになる。

だが、天皇制擁護の津田論文に困った吉野が、「日共系の学者でなくて天皇制批判をやる学者をさがした」という記述（松浦総三『戦後ジャーナリズム史論——出版の体験と研究』）もある。ただし、この典拠は不明である。吉野自身、津田論文と丸山論文との直接の関連を語っているわけではない。

多くの人が丸山論文を読んだ衝撃を語っている。ここでは、二人の回想を紹介しよう。

一九六四年一〇月号の『中央公論』が、「戦後日本を創った代表論文」を選ぶ特集をしている。丸山論文は、十八編に選ばれて再録された。歴史家・萩原延壽《はぎわらのぶとし》が短文を寄せている。丸山論文を読んだとき、萩原は旧制三高三年生だったという。

丸山氏の論文の載った雑誌『世界』を手に入れることは容易ではなかった。それは本屋の店頭からはすぐに姿を消した。あのザラ紙に印刷された雑誌を、友人や知人の間で回覧しながら、私たちはこの論文を読んだ。そして、眼から鱗が落ちるという言葉通りの、衝撃と戦慄を味わった。昭和二十年八月十五日以後も、私たちの裡に残存していた日本帝国の精神が、いまや音を立てて崩れ始めるのを感じたからである。かくして、私たちの精神にとっての「戦後」が始まった。

私自身の思い出話をはさむことをお許しいただくと、この高名な論文に私が初めて接したのは、この『中央公論』の特集だった。高校三年生のときである。丸山論文は古めかしくて、読みにくかった記憶ぐらいしかない。十分内容が読み取れなかったのだろう。だが、そこに添えられていた萩原の短文のこの一節は鮮明に覚えている。「へーっ、そんなすごい論文なんだ」と、素朴に思ったことだった。

もう一人は、政治評論家・藤原弘達の回想。藤原は、丸山論文を読んだ日のことを、次のように振り返っている（『藤原弘達の生きざまと思索2——選ぶ』）。

その夜、論文を一読してつよいショックを受ける。それは全身しびれるようなまさに「電撃的な」衝撃だったといっても決して言い過ぎではない。雑誌はすぐに返さなくてはならないので、徹夜して全部ノートに書き写す。それを何度も何度も読み返したものだ。……

丸山氏の学問をやらなければ、自分の人生、自分の今後の生きざまはありえないのではないか、とまで思い込んだのであった。

藤原は、ようやく見つかった勤めを辞め、丸山に学ぶべく、東大の大学院に入る。一つの論文が、人の人生を変えたのである。

回想ではなく、リアルタイムの衝撃を伝える文章もある。まだ半ぺら裏表だけだった六月二四日の朝日新聞の二面の片隅に載った「雑誌評」である。丸山論文を、次のように絶賛した。

論壇のマンネリズムの壁にも漸く穴があく時が来た。疑うものは丸山眞男『超国家主義の論理と心理』（『世界』五月号）を見るがよい。権威と権力との不思議な合一化に成る日本の国体は、到底封建的という言葉などで片づくものではないが、此処ではそれを極めて着実な方法で分析している。考えの運び方にも、資料の扱い方にも、若さというものの価値を思わせる新しいスタイルがある。いや、何よりも学問の力をはっきり見せてくれる。

最後に「アトム」という署名があるが、筆者は不明である。

この記事については、丸山自身、後年「それをきっかけとして自分ながら呆れるほど広い反響を呼んだ」(同論文を収録した『増補版現代政治の思想と行動』の「後記」、『丸山眞男集』第九巻)と記している。「(原稿依頼の)編集者が一週間に十何人来ました。女房はあきれてしまった。堅い雑誌が何十もあるのです。それがほとんど全部来る」という状況だった(『丸山眞男回顧談(下)』)。

三十二歳になったばかりの東京大学法学部助教授は、一躍、論壇の寵児となった。

天皇制の精神構造に光

「超国家主義の論理と心理」は、なぜ、多くの人々に、このような「衝撃」を与えたのだろうか。

丸山は天皇制の政治的構造や経済的基盤を分析したわけではなかった。日本の国家体制を支えてきたイデオロギーを超国家主義ととらえ、それが「心理的な強制力」を働かせることになったのはなぜか、と問うたのである。華麗ともいうべき、鮮やかな分析に接して、「そうか、そういうことだったのか」と、読者は自らの心の中を切り開いて見せられた思いだったのである。

ヨーロッパの近代国家が、真理や道徳といった内容的な価値についてては中立的立場をとる「中性国家」だったのに対して、超国家主義国家・日本では、国家主権が精神的権威と政治的権力を一元的に占有した、と丸山は指摘した。頂点には、むろん天皇がいた。「全国家秩序が絶対的価値体たる天皇を中心として、連鎖的に構成され、上から下への支配の根拠が天皇からの距離に比例する」のである。

しかも、価値の究極的源泉である天皇も、「決して無よりの価値の創造者なのではなかった」。「天皇は万世一系の皇統を承け、皇祖皇宗の遺訓によって統治する」のだ。こうした国家のかたちを次のように語る。

天皇を中心とし、それからのさまざまな距離に於て万民が翼賛するという事態を一つの同心円で表現するならば、その中心は点ではなくして実は之を垂直に貫く一つの縦軸にほかならぬ。そうして中心からの価値の無限の流出は、縦軸の無限性（天壌無窮の皇運）によって担保されているのである。

読者はそれぞれに立体的なイメージを思い浮かべたことだろう。自分がその円錐のどこに位置していたのかを考えることになったかもしれない。

津田と丸山

丸山論文の最後は、よく知られた文章で閉じられている。

日本帝国主義に終止符が打たれた八・一五の日はまた同時に、超国家主義の全体系の基盤たる国体がその絶対性を喪失し今や始めて自由なる主体となった日本国民にその運命を委ねた日でもあったのである。

この論文が書かれていた時期、日本は占領下にあった。その意味で、「自由なる主体となった日本国民」はいまだ完全なかたちで存在したわけではなかった。ただ、国体（天皇制）に対する丸山の立場ははっきりしている。後年、彼はこの論文を書いたころを回想して、次のように述べている。一九八九年に発表された「昭和天皇をめぐるきれぎれの回想」（『丸山眞男集』第一五巻）の一節である。

……この論文は、私自身の裕仁天皇および近代天皇制への、中学生以来の「思い入れ」にピリオドを打った、という意味で——その客観的価値にかかわりなく——私の「自分史」にとっても大きな画期となった。敗戦後、半年も思い悩んだ揚句、私は天皇制が日本人の自由な人格形成——自分の良心に従って判断し行動し、その結果にたいして自ら責任を負う人間、つまり「甘え」に依存するのと反対の行動様式をもった人間類型の形成——にとって致命的な障害をなしている、という帰結にようやく到達したのである。（傍点、原文）

つまり、日本人は天皇制によって、自由な人格形成がはばまれているというわけである。

そして、「超国家主義の論理と心理」によれば、天皇制の中心たる天皇の権威と権力の源は「万世一系の皇統」だった。

ここで、津田論文を思い起こしてほしい。津田にとって、「万世一系の皇室」は、長年の歴史の中で培われ、日本人が敬愛の対象としてきたものである。だから、国民主権の時代になったいま、皇室は「国民の皇室」なのであり、国民は「われらの天皇」を愛さなければならない。津田は、そう説いた。津田の所説は「天皇制擁護論」ではなく、「皇室擁護論」なのだ、と吉野は説明するのだが、丸山論文の論理と対比したとき、この区別は意味をなさないだろう。天皇が存在するという国家のかたちをプラスと理解するか、マイナスとするか、津田と丸山を分かつ分岐点ははっきりしている。

丸山眞男は「超国家主義の論理と心理」を書くことによって、雑誌編集者たちが門前市をなす「論壇の寵児」になった。その活躍の大きな舞台は、その後も『世界』である。

編集長・吉野の奇妙な文章を伴って論文が掲載された津田左右吉は、その後、『世界』に登場することはまれになった。本格的論考はない。津田ら「同心会」グループが『世界』とは別に『心』を創刊することは前にふれたが、「『建国紀年の日』を設けたい」（一九四九年七月号）など、津田は『心』に精力的に寄稿することになる。

第四章　平和問題談話会——主張する『世界』

トップ独走の『世界』

一九四六年一一月三日、象徴天皇を定めた日本国憲法が公布される（施行は翌年五月三日）。同年五月三日、極東国際軍事裁判（東京裁判）が始まり、六月一八日、首席検事・キーナン（米国）は、天皇を訴追しないとの声明を発表した。

天皇・天皇制の問題はもちろんその後も論壇の大きなテーマではあったが、占領終了後を視野に「新しい日本」が国際社会の中で、どのような位置取りをするのかが、論壇の最大の焦点になってきた。

四六年五月号に掲載された丸山眞男「超国家主義の論理と心理」で雑誌として大きな注目を浴びた『世界』は、こうした状況と切り結ぶべく、論壇誌として果敢な取り組みを行っていく。後にふれるように、平和問題談話会を作り、さまざまな活動を展開したことが、そのもっとも大きな事例である。

この時期から、一九六〇年の日米安保条約改定をめぐって空前の大衆的運動が起きた「六〇年安保」の時期まで、『世界』は大げさではなく、論壇誌のチャンピオンとして君臨する。

二つの興味深い読書調査のデータがある（福島鑄郎編著『新版 戦後雑誌発掘』）。

一つは、日本出版協会が一九四六年七月、日本読書新聞、河北新報、北海道新聞など十数紙を通じて一般の協力を呼びかけて集計した調査。回答者は二千六十二人。「現在読んでいる雑誌」は、『世界』四百七人が一位。以下、『人間』三百五十人、『中央公論』二百四十九人、『展望』二百三十八人、『改造』二百三十八人など。

この時期、『世界』は、先に引いた編集長・吉野源三郎の「うれしい悲鳴」の通り、「読みたくてもなかなか読めない雑誌」だったことも分かる。「読みたい雑誌」トップは『世界』の四百九十八人。二位の『人間』二百九十三人を大きく引き離している。「読ませたい雑誌」でも、『世界』は百四十七人で一位である。

さらに、「今年になって一番感心した雑誌」の項では、『世界』四月号が百十三人でトップだったほか、『リーダーズ・ダイジェスト』六月号が三十五人で三位に入っている以外、五位まで『世界』が独占している（四月号以外は、一月号、三月号、五月号）。創刊と同時に『世界』は多くの人々をひきつけたようだ。

もう一つは、翌年六月、『世界』創刊から一年半後、東京商科大学（現・一橋大学）で行われた「雑誌読書傾向世論調査」。回答者は七百七十一人である。

調査方法についてのデータはないが、おそらく「日ごろ読んでいる雑誌は何ですか」といった質問だっただろう。「総合文芸雑誌」の項目で、『世界』をあげた人は三百十五人。二位『中央公論』の二百二人を大きく引き離して、断然トップ。このほか、『人間』百七十二人、『リーダーズ・ダイジェスト』百六十八人、『改造』百六十六人、『展望』百四十二人などが並ぶ。

『世界』が広く読まれていたこと、とりわけ大学生に圧倒的な人気があったことが分かる。東京商科大学の学生は半数近くが『世界』を読んでいる。

ちなみに、後に大きく部数を伸ばし、今日に至るまで総合雑誌の王座にある『文藝春秋』は、前者の「現在読んでいる雑誌」では四十二人、後者の調査では四十七人である。

俳句は「第二芸術」

さて、『世界』を舞台にした平和問題談話会の活動にふれるのが順序だが、その前に、二カ所、「寄り道」をしたい。ムダ足にはならないはずだ。

まず、桑原武夫「第二芸術——現代俳句について」を取り上げる。一九四六年一一月号の『世界』に載った。桑原は京都大学でフランス文学を学び、当時、東北大学助教授。四八年に京都大学人文科学研究所に移り、長く所長を務める。多彩な才能を見出し、多くの共同研究を組織した。

論文の冒頭近くで、桑原は作者を伏せたまま、有名俳人の作品十句と素人ないしは新人の作品五句を並べる。「平生俳句を読んだことがなく、句作の経験の皆無な私は、これを前にして、中学生のころ枚方へ菊見につれて行かれた時の印象を思い出す」というのだ。

あんどん作り、懸崖づくり等々、各流それぞれ苦心はあったのだろうが、私には優劣をつける気も起らず、ただ退屈したばかりであった。ただ、これらの句を前にする場合は、芸術的感興をほとんど感じないのは菊の場合と同じだが、そのほか一種の苛立たしさの起ってくるのを禁じえない。

桑原は、西欧の近代文学や詩と俳句を対比する。前者にあっては、作品が作者から自立して存在する。ところが、俳句はどうか。一句だけでは作者の優劣が、分かりにくく、大家と素人の区別がつかない。俳句は、要するに老人が暇つぶしに楽しむ菊作りと同じようなものだ、と桑原はいう。

菊作りを芸術ということは躊躇される。「芸」というのがよい。しいて芸術の名を要求するならば、現代俳句を「第二芸術」と呼んで、他と区別するのがよいと思う。

いま、この論文を読むと、居丈高な桑原の筆致にいささか辟易する。桑原にとって、「ヨーロッパの偉大な近代芸術」（トルストイやロダンやヴァレリといった名前が、そこに登場する）が、「第一芸術」にほかならないのだ。「近代西欧」の高みから「遅れた日本」を断罪する典型的な近代主義的な図式が、ここにある。

桑原の「俳句断罪」は、俳句界はもとより、俳句と同じ定型短詩である短歌の世界にも大きな反発を招く。その動きや現代における「俳句第二芸術論」の評価の問題など、興味深い論点はあるが、割愛せざるを得ない。ここでは、敗戦間もないこの時期、桑原の「第二芸術」のような近代主義的立場からの性急な「遅れた日本」断罪が説得力を持ったことだけを指摘しておく。論壇はむろん、日本の知的世界を覆っていたこうした雰囲気と無縁ではあり得なかった。

ＧＨＱの検閲

『世界』創刊号の安倍能成の巻頭論文が、ＧＨＱの検閲によって二カ所削除処分を受けたことは前に記した。もう一つの「寄り道」は、この時期のＧＨＱの検閲についてである。

これまで総合雑誌が次々と創刊され、その中で『世界』がチャンピオンになっていったことを述べてきた。こうした出来事は、いうまでもなくＧＨＱの検閲という枠組みの中で起きていたことである。検閲の存在やその具体的内容が、こうした出来事とどのような関係にあったのか（あるいは、なかったのか）について、私はいまのところ、答えを持ち合わせていない。以下、ＧＨＱ資料を駆使した山本武利『占領期メディア分析』によって、雑誌検閲の概要を記しておく。

ＧＨＱによる雑誌の検閲は一九四五年九月にすでに始まっている。この月、六十七誌が事前検閲を受け、六十六誌が事後検閲を受けている。創刊雑誌が増えるとともに、この数は一〇月以降ほぼ毎月増え続け、一九四六年一二月には事前検閲千十六誌、事後検閲千五百四十七誌になっている。四七年以降、検閲側に負担の多い事前検閲から事後検閲に移行される雑誌が増える。

しかし、同年一〇月はじめのＧＨＱ資料では、なお二十八誌が事前検閲の対象として残っている。いったん事後検閲に移行した後も、問題があると事前検閲に戻されることもあったようだ。

『世界』は、この時期、二十八誌の中に入っている。ほかに、『中央公論』『改造』『文化評論』『世界評論』など。この資料には、各誌の概要と、期間は分からないが、各誌の処分件数が記載されている。『世界』は「公表禁止一回、一部削除八十四回」、『中央公論』は「一部削除七十八回」、『改造』は「公表禁止一回、一部削除四十五回」である。際立って、というわけではないが、『世界』の処分件数が一番多い。GHQによる『世界』の検閲については、編集部員だった塙作楽の証言がある。「占領軍の民間検閲部（CCD＝Civil Censorship Detachment 民間検閲支隊のこと）によって掲載できなくなったものは、沢山あります」という（『岩波物語——私の戦後史』）。

毎号の校正刷りがそろうと、CCDにそれを持っていく。数日後、また出かけていき、検閲の結果を受け取る。削除の指定があったりすると、場合によっては、ページ数を調整する必要から、新たな原稿を追加する場合もあった。追加原稿があれば、それも検閲を受けなければならない。

創刊号の安倍論文には、たしかに二カ所削除の跡がある。まず、論文の後半、「一億玉砕というが如きは、その戦争を已むに已まれぬものとした道徳的意義の真実と深厚とが、これをおいては国民の生存を単なる動物的生存に終らしめるよくよくの場合にのみ承認せらるべきである」という一文と「併し日本人はこの戦争の成功により、又この戦争が海外に行われて本国が直接の戦禍を受けなかったこと……」の間に〔六七字分余白〕とある。さらにもう少し後にも、〔四一字分余白〕となっているところが一ヵ所ある。

削除部分の内容は当然、不明だが、前の方は文脈から考えると、第一次世界大戦のことを語っていると思われる。おそらく「軍国主義の賛美」と受け取られたのだろう。

塙は、「検閲の方針も、はじめは「非民主的」なものにしぼられていましたが、次第に変ってきて、その反対に、といってよいくらいになってきました」と書いている。塙が掲載禁止となった具体例としてあげているのは、二・一ゼネストの動きに関する松本慎一の論文と農地改革について政府の農業政策を批判した伊藤律の論文の二つである。二人とも日本共産党の活動家であり、伊藤律は幹部だった（塙も松本の勧誘で共産党に入党していた）。

吉野源三郎の回想では、「ホールド」という保留もしくは差し止めの処置があって、「ホールド」の多かったのは、中国関係だった。「中国革命に関する記事全体が殆どすべて削除されました」という（「戦後の三十年と『世界』の三十年」、吉野『「戦後」への訣別』所収）。

ＧＨＱによる検閲は四九年一〇月、民間検閲支隊が解散するまで続いた。

平和問題談話会の誕生

塙の証言にあるＧＨＱの検閲の方向変化は、米国とソ連との間で冷戦が始まったことによって、当初、「民主化」に重点が置かれていた占領政策が「反共」に転換したことによる。いわゆる「逆コース」である。

第二次世界大戦の終結後、東ヨーロッパでは事実上、ソ連の手によって次々に社会主義国が誕生した。一九四六年三月五日には、英国前首相チャーチルが「鉄のカーテン」演説を行った。翌年三月一二日には米国大統領トルーマンが、「トルーマン・ドクトリン」を発表する。直接にはトルコ、ギリシアへの援助にかかわるものだったが、膨張する社会主義勢力に対する断固たる戦いの意思が表明された。

一九四八年四月一日、ソ連は米英仏が統治していた西ベルリンの陸上輸送の規制を始めた。いわゆるベルリン封鎖である。米国を中心とした西側とソ連との緊張は一気に高まった。この年七月と八月、朝鮮半島に大韓民国と朝鮮民主主義人民共和国が誕生した。中国で続く共産党と国民党の内戦も行方がつかめないままだった。冷戦は、日本にとっても身近なものとなっていた。

第三次世界大戦が起きるのではないかという不安が現実性をもって語られていた。清水幾太郎は、そのころ中野好夫と「五年以内に第三次世界大戦が起るか否か」について賭けをしたという（『わが人生の断片』）。

どちらが起る方に賭けたのか、どちらも起らない方に賭けたのか、もう覚えていないが、また、どちらの勝になったにせよ、もし戦争が起れば、その第一日か第二日に二人とも死んでしまうのであるから、あまり意味のない賭であったが、私たち二人だけでなく、すべての日本人が、そんな賭をしたくなるような空気の中で生きていた。

第三次世界大戦が起きたとすれば、それは人類滅亡の核戦争なのだ。

平和問題談話会は、こうした状況への知識人の応答として生まれたといっていい。その舞台が『世界』だった。すでに述べたように創刊間もなくから広範な読者に支えられることになった『世界』は、やがて「戦後進歩主義」あるいは「戦後民主主義」と呼ばれる陣営の拠点になっていく。その大きなきっかけが、平和問題談話会だった。

結成の端緒は、その後の平和問題談話会の活動からすると、いくぶん皮肉なことだが、GHQの検閲と深くかかわっている。

塙が書いていたように、『世界』編集部員は毎号の校正刷りができると、事前検閲を受けるため、それをCCDに届けた。その際、民間情報教育局（CIE＝Civil Information & Education Section）が雑誌編集用に資料をくれることがあった。CIEにしてみれば、占領下の世論指導の一環ということだったのだろう。

一九四八年九月のある日、吉野源三郎は、このルートで、英文で書かれたある文書を手にした。表題は「A Statement by eight distinguished Social Scientists on the Causes of Tensions which make for War」、タイプライター用紙三枚ほど。直訳すると、「戦争に至る緊張の要因についての八人の優れた社会科学者の声明」である。「戦争を防ぐには、どうしたらいいのか」という問題意識のもと、八人の社会科学者が討議してまとめたものである。この年七月一三日、パリのユネスコ本部から発表された。戦争は人間性の不可避的結果ではないというのが基調だった。

声明には、アメリカ、フランス、イギリス、カナダ、ブラジルのほか、当時、ソ連傘下にあったハンガリーの学者も加わっていた。ドイツからアメリカに亡命していたマックス・ホルクハイマーの名前もある。ハンガリーから加わっていたのは、ブダペスト大学教授・ハンガリー外交問題研究所所長のアレクサンダー・ソロイである。

吉野は、イデオロギーや体制を超えた学者たちの協力に接して、「日本でも同じ試みが必要ではないか」と考え、精力的に動き出す。

知識人集団として

もっとも、吉野は当初、「学者たちの協力」を超えたことも視野に置いていた。たとえば、政治家の参加も考え、小泉信三に共産党の野坂参三に声をかけるかどうかについて相談している。小泉は野坂が慶応大学時代、教えを受けた恩師である。しかし、小泉は、公党の責任者が公の立場で腹蔵なく個人の考えを述べる望みはないだろうと、吉野の考えに否定的だった（吉野源三郎、丸山眞男「安倍先生と平和問題談話会」、吉野『「戦後」への訣別』所収）。

吉野は、もともと野坂が中国から帰国して掲げた「民主戦線」構想や山川均が提唱した「民主人民戦線」に大きな期待を持っていた。『職業としての編集者』にも、一九四六年初期の激動期を振り返った次のような一節がある。

私はいまでも、「あのとき、もし野坂氏や山川氏の提唱したような統一戦線ができて、一九四七年ごろからはっきり出て来た占領政策の右転回以前に日本の政権を担当していたら……」と考えることがある。

ユネスコの声明に接して、吉野は自分なりの立場で、こうした「統一戦線」を構想したのかもしれない。結局、平和問題談話会は知識人集団として形成されることになるのだが、誕生以前の吉野のこの思いはやがて、平和問題談話会が知識人の単なる研究集団を超えたものになっていったことと無関係ではないだろう。

いずれにせよ、オルガナイザーとしての吉野の能力が、いかんなく発揮された。東京と関西に分かれて、それぞれ、文科、法政、経済、さらに東京だけ自然科学、全部で七つの部会を構成し、ユネスコの声明を論議した。

それを持ち寄り、一二月一二日には、東京・信濃町の明治記念館で東西合同の平和問題討議会が開かれ、「戦争と平和に関する日本の科学者の声明」が発表された。声明は、討議の内容、各部会の報告とともに一九四九年三月号の『世界』に収録された。

全体の討議会に向けてユネスコの声明について論議を重ねていた各部会は内輪では「ユネスコの会」と呼ばれていたが、この声明発表後、平和問題談話会と名乗り、活動が継続された。

討議会参加者の名簿には五十五人が名を連ねている。その幅は広い。一方に、『世界』創刊にかかわった同心会につながる安倍能成、天野貞祐、和辻哲郎、田中耕太郎、蠟山政道、田中美知太郎、津田左右吉、鈴木大拙。他方、清水幾太郎、丸山眞男、中野好夫、都留重人、桑原武夫といった二十世紀研究所にかかわった人々ら。そして、津田論文の扱いをめぐって吉野と衝突した羽仁五郎。羽仁は討議会の席で「日本人科学者の自己批判」を強く主張した。

「戦争と平和に関する日本の科学者の声明」は、清水が起草した。羽仁の主張も組み込んだ前文を付け、本文は十項目。ユネスコの声明に比べて、米ソ二大勢力の平和共存への強い志向が特徴だろう。次は、六番目の項目。

われわれは、現在二つの世界が共存すると言う事実を率直に認める。……われわれは二つの世界の平和共存の条件を研究するための現代科学の方法及び成果が未だなお十分に適用されていないことを認め、現代における科学者の努力がこの問題の究明に傾注されることを望んでやまない。

清水が『わが人生の断片』で、起草に至る経過を綴っている。前日の一一日午後、岩波書店を訪れ、翌日の会について相談した。その際、吉野から「清水さんは多くの部会に出席しておられて、それぞれの空気もお判りでしょうから、各部会の報告に共通の論点を抽出して、それを箇条書のような形で纏めてくれませんか」と頼まれた。

ほぼ徹夜して文章をまとめて翌日、会場に行くと、吉野に「昨日お願いした文章は、そのまま、声明として、内外に発表することになりそうです」といわれた。吉野には当初からシナリオがあったのだろう。だが、清水には、やぶから棒の話だったわけだ。

清水が『わが人生の断片』で当時を回想する口調は冷めている。後年の文章とはいえ、そこには、時代の流れに翻弄されてしまった自分の過去への憐憫の思いさえ漂っているように思える。「人間・清水」を理解するうえでも、興味深い。

一九四八年九月、清水は、熱海の岩波別荘（偕楽荘）で、岩波新書として刊行する『ジャーナリズム』の原稿を書いていた。二八日、東京からやってきた吉野に、ユネスコの声明を読ませられる。

このタイプライター用紙三枚ばかりの文書が、それから十数年間に亘る私の生活の多くの部分を決定することになった。

清水も吉野と同じように、ハンガリーのソロイが加わっていることが重要だと考えた。「私はユネスコの文書の価値は、サライ（ソロイ、引用者）という一人の人物に煮つめられて来たように見えた。パリで可能なことは、東京でも可能ではないのか」と記している。

清水はたしかに久野収とともに東京と関西の各部会の調整などに奔走した。とはいえ、すでに述べたように、「声明の起草」といった重要な役回りを与えられるとは思ってもいなかった。しかし、一方で、議論をまとめて一つの文章にする能力には自信があった。自分以外のだれが、この仕事をできるか、という自負もあっただろう。

矛盾した思いを抱いて、討議会の終盤、自分が書いた文章をめぐって続く種々の議論を聞いていたはずだ。清水は、回想を次のように締めくくっている。

前文および十項目から成る文書「戦争と平和に関する日本の科学者の声明」は、私がそれを自分で書き、それを自分で擁護したことによって、何時か、私という人間の一部分になった。私は、それを自分で書かなかった人間、自分で擁護しなかった人間とは、何時か、少し別の人間になった。

知識人集団として生まれた平和問題談話会の中にあって、一人、清水の立ち位置が微妙に他の人々とちがっていたことが分かる。やがて、清水は「六〇年安保」までの間に実践運動に深くコミットする「平和運動の闘士」になっていく。

全面講和を主張

平和問題談話会は、一九五〇年三月号の『世界』に「講和問題についての平和問題談話会声明」を発表した。今回も清水幾太郎が起草した。前回の場合、ユネスコの声明を受けたものだったが、今回は平和に向けた日本の主体的選択にかかわっていた。以下、「結語」の部分。

一、講和問題について、われわれ日本人が希望を述べるとすれば、全面講和以外にない。
二、日本の経済的自立は、単独講和によっては達成されない。
三、講和後の保障については、中立不可侵を希い、併せて国際連合への加入を欲する。
四、理由の如何によらず、如何なる国に対しても軍事基地を与えることには、絶対に反対する。

第二次世界大戦で日本は米国をはじめとする多くの国々と交戦関係にあった。これらの国々とどのようなかたちで講和条約を結び、戦争状態を終結させるか。これが「講和問題」である。それはまた米軍の占領下にある日本が、ふたたび独立国として国際社会に復帰するために不可欠なプロセスだった。

すべての交戦国と講和条約を結ぶ。これが全面講和である。他方、当面、講和条約を結び得る国々とだけ条約を結ぶという選択が、単独講和（片面講和、多数講和）である。

米ソ二大陣営の冷戦はさらに深刻化していた。ヨーロッパではドイツが東と西に分断された。中国の内戦は共産党の勝利に終わり、ソ連の後押しによって一九四九年一〇月一日、中華人民共和国が生まれた。蔣介石の国民党は台湾に逃れた。

こうした中で単独講和の道を選ぶことは、とりもなおさず米国を盟主とする西側陣営に加わることを意味していた。声明は、「希望を述べるとすれば」と断りながら、「全面講和以外にない」と言明した。本文には、より鮮明に次のように書かれている。

> 単独講和または事実上の単独講和状態に付随して生ずべき特定国家との軍事協定、特定国家のための軍事基地の提供の如きは、その名目が何であるにせよ、わが憲法の前文及び第九条に反し、日本及び世界の破滅に力を藉すものであって、われわれは到底これを承認することは出来ない。

米ソの平和共存を前提にした全面講和・中立不可侵・軍事基地絶対反対——の主張である。知識人集団として生まれた平和問題談話会は、ここに至って現実政治に深くコミットすることになった。

「戦争を防ぐにはどうしたらいいのか」という研究的テーマを論じていたときは、異なる立場の人々も連帯できた。しかし、現実政治の選択の問題は、会員内の分岐を鮮明にした。今回の声明の署名者名簿には、一回目の声明にあった田中美知太郎、鈴木大拙、田中耕太郎、津田左右吉らの名前がなくなった。

しかも、吉野は「編集者まえがき」に、「声明は平和問題談話会の名において取りあえず発表され、会員の間の多数意見を表明しているが、それは必ずしも全会員が声明の全部に対して責任をとられるということではない」と記さざるを得なかった。署名に名を連ねている安倍能成、天野貞祐、和辻哲郎、高木八尺らが、「少数派」だった。

朝鮮戦争と『世界』

平和問題談話会の二度目の声明は大きな注目を浴びた。談話会も単に雑誌に載せるだけでなく、内外に積極的にアピールする道を選んだ。声明は都留重人が英訳し、UP、APなどの外国通信社、主要国の大使館などに送り、国内では記者会見も開いて、内容を説明した。

最初の声明に対しては静観していたGHQも、今度はただちに反応した。警視庁なども動いた。吉野の回想を聞こう（「戦後の三十年と『世界』の三十年」、吉野『「戦後」への訣別』所収）。

第一に反撃にきたのは占領軍司令部でした。司令部から、すぐに人が飛んできました。それから警視庁、法務部の特審局、これが続々とやってきて、この会の性質と声明の成立についてきびしい質問をくり返しました。そして法務局および警視庁からは、当時の団体等規制令に該当する政治団体とみなすから、早速届け出るようにという要求がありました。

吉野が警察に連行されたといったデマも飛んで、夜、新聞記者が彼の自宅を訪ねてきたこともあったという。結局、一ヵ月半ほど後、「団体等規制令に該当するものと認めない旨の知らせがあり」、吉野は安堵する。該当するとなると、「財政その他いろいろ細かい届出が必要となり、届出に相違すれば、次第によっては、責任者は占領政策違反の罪に問われる」からだった。

平和問題談話会は、政治の現実という場に船出してしまったのである。『世界』は、いわば、その母港である。オールド・リベラリストも含めて、「文化国家・日本」の再建を語っていた「金ボタンの秀才のような雑誌」は、こうして主張する雑誌へと変貌していった。

だが、船出した平和問題談話会は間もなく、国際政治の過酷な現実に襲われる。一九五〇年六月二五日、朝鮮戦争が始まった。米ソの代理戦争にほかならなかった。東西両陣営の平和共存の必要性と可能性を説いていた平和問題談話会は、東アジアの地で冷戦が熱戦になってしまうという事態に直面したのである。

月刊誌の通常の編集作業から考えて、七月号にこの出来事を反映させることができなかったのは当然だろう。だが、『世界』の八月号、九月号にも朝鮮戦争にかかわる論考はない。一〇月号の「世界の潮」欄に、ようやく「北鮮に対する戦略爆撃」（当時は「北鮮」の呼称が一般的だった）と「朝鮮動乱とアメリカの態度」という二つの解説記事が登場する。

前者は、「鴨緑江の水力発電系統と興南化学工業地帯の全貌」という副題から分かるように、朝鮮戦争のことを直接取り上げているわけではない。目と鼻の先の朝鮮半島で激しい戦闘が行われているというのに、いささか奇異に感じられる関心の方向である。後者は直接朝鮮戦争を主題にしているが、日本の問題にはまったくふれられていない。

清水幾太郎は朝鮮戦争の勃発が平和問題談話会に与えた打撃を、次のように語っている（『わが人生の断片』）。

この事件（朝鮮戦争の勃発）によって、平和問題談話会の立つ前提は一度に崩れ、講和問題に関する声明はすべて空しいものになる。平和問題談話会が、一方、共存の可能性を前提していた、その共存が、事もあろうに、私たちが恐れながら美化していた社会主義勢力の側から破壊されたのである。

「三たび平和について」

とはいえ、〈主張する雑誌〉は、その姿勢を変えはしなかった。『世界』一二月号に「三たび平和について――平和問題談話会研究報告」が掲載される。平和問題談話会が新たな状況の中で論議を重ねてまとめたものである。前文を清水、第一、二章を丸山眞男、第三章を鵜飼信成が書いた。

これまでの二回が「声明」だったのに対して、今回は「研究報告」となっている。平和問題談話会の総意を「声明」というかたちで打ち出すことが難しくなってきたことに加えて、第二回目の「声明」に対するＧＨＱその他の反応の経験から、「政治」色が希薄な「研究報告」としたのだろう。内容も、朝鮮戦争に関して具体的に言及することはなく、従来の原則的な立場をさらに強調して、平和共存の意義を強調したものである。

とりわけ、丸山が執筆した第一章と第二章に、その色合いが強い。第一章では、核兵器の出現によって、「戦争が本来手段でありながら、手段としてとどまりえなくなったという現実」が指摘される。この結果、「戦争を最大の悪とし、平和を最大の価値とする理想主義的立場は、戦争が原子力戦争の段階に到達したことによって、同時に高度の現実主義的な意味を帯びるに至った」という。

続いて、「思考方法」の重要さが説かれる。「二つの世界」の対立について、今後、両者は到底両立しえず、早晩武力衝突は不可避という立場から考えずに、両者の関係が平和裏に調整される可能性を信じ、その可能性を押し広めてゆくよう自らの思考と態度を方向づけてゆくことの重要性が指摘される。

丸山は、一九五二年五月号の『世界』に、「「現実」主義の陥穽――或る編集者への手紙」を発表している。この論文で、丸山は、「現実」を所与のものと考えずに可塑的なものとして捉える思考態度を強調している。「三たび平和について」で展開された思考方法についての議論は、これを先取りしたものだった。

しかし、原理的に鮮やかな論理とはいいえ、やはり現に続いている戦争を目の前にして、そのことにほとんど言及していないことが不思議である。「遂行されている戦争そのものに対しては明確な態度を打ち出せなかったばかりでなく、そのインパクトから日本を切り離すことに最大の関心が注がれているように思われる」という評言（道場親信『占領と平和――〈戦後〉という経験』）は、おそらく当を得ているだろう。

平和問題談話会が主張した東西両陣営の平和共存は、事実としては実現していく。代理戦争（朝鮮戦争）の経験によって、米ソ両国は平和共存の方向を模索する（それは、核軍拡と核抑止の理論に基づく平和共存であり、軍拡競争は続くのだが）。

日本は、平和問題談話会の掲げた全面講和ではなく、単独講和の道を選び、高度経済成長―経済大国への道をひた走る。

第五章 『世界』の時代——講和から「六〇年安保」へ

十五万部完売の講和問題特集号

一九五一年九月四日から、サンフランシスコのオペラ・ハウスで対日講和会議が始まった。八日、日本を含めて四十九ヵ国が講和条約に署名した。中国は招待されず、インド、ビルマは参加を拒否した。ソ連、チェコ、ポーランドは調印しなかった。講和条約とは別に、日本は米国と日米安全保障条約を結んだ。冷戦体制のもと、日本は明確に米国の傘下に入る道を選んだ。

『世界』一〇月号は、この講和会議に向けた「特集講和問題」だった。ほぼ全誌面を「特集」にあてた。いつもの月より一週間繰り上げて、九月一日に発売された。

巻頭の都留重人「対日講和と世界平和」などの論文のほか、七十八人が見解を寄せた「講和に対する意見・希望・批判」が圧巻である。

「三たび平和について」の執筆など、無理がたたって、この年二月から肺結核で入院していた丸山眞男は「講和問題に寄せて——病床からの感想」を寄稿している。「日本が長期間にわたり最大の兵力をもって莫大な人的物的損害を与えた当の中国を除外し、剰えこれを仮想敵国とするような講和とは、それだけで講和の名に値するかどうか」と、講和会議に中国が参加していない問題点を指摘している。

発売日を繰り上げたことからも分かるように、この特集号は、海の向こうで、いままさに始まろうとしていた講和会議に対し明確に異議を申し立てるものであった。

吉野源三郎は「編集後記」に、こう記している。

……それにしても、この号がこれだけの内容を備えて予定どおりに発行できたのは、百名を越す執筆者が、特別な熱意を以て私たちのこの企画を援助され、……印刷所の現場の人々までが、私たちのこの企画の成功を願って、殆ど徹夜に近い作業をつづけて頑張って下さったことのおかげである。……日本がいま重大な時に臨んでいるという共通の憂慮が、このような協力を可能にしてくれたのである。

反響は大きかった。翌一一月号の「編集後記」によると、「遂には増刷を四回重ねなければならなかった」という。当時の『世界』は通常三万部だったが、この特集号は、五刷、十五万部を完売した（緑川亨、安江良介「平和問題談話会とその後」、『世界』一九八五年七月臨時増刊号）。

総合雑誌があるテーマについて特集を組み、それが増刷に増刷を重ねて、売り切れになる。今ごろの論壇雑誌の編集者には夢のような話かもしれない。しかも、『世界』の講和問題に対するスタンスは、決して中立・公平ではなかった。後でもふれるが、小泉信三はこの特集号を「全面講和論者または中立論者の同人雑誌の如き」と批評した（「平和論——切に平和を願うものとして」、『文藝春秋』一九五二年一月号）。それが、なぜこのような広範な読者を得ることができたのだろうか。

素直な「愛国心」と通い合う

一九五二年四月二八日号の図書新聞に載った読者世論調査を、清水幾太郎が紹介している（『わが人生の断片』）。同紙が大学生・高校生に呼びかけて得た三千四百九十通の回答を整理したものである。

「どういう雑誌を愛読していますか」という質問の回答のベスト3は、一位『世界』（六百七十一人）、二位『文藝春秋』（四百九十人）、三位『中央公論』（二百三十四人）である。前に紹介した一九四六年の日本出版協会の調査などに比べると、『文藝春秋』が伸びているのが目立つが、やはり『世界』はトップをキープしている。

清水は、この結果を引いた後、「誰でも『世界』が第一位を占めていることに驚くであろうが、あの頃の『世界』は、日本人の素直な愛国心と通い合うものを持っていた」と指摘している。

「愛国心」はいまでは、保守派の占有物のようになっている。だが、小熊英二が『〈民主〉と〈愛国〉』で明らかにしたように、高度成長が始まる以前（小熊の言葉でいえば、「第一の戦後」）、「愛国」や「民族」といったナショナリズムにかかわる言葉は、保守政権を批判する人々のものでもあった。『世界』の講和問題特集号の編集方針も、その意味ではシンプルといっていいほど、「愛国」的だった。

巻頭言「読者へ訴う」に、吉野は次のように書いている。

……（今回の特集は）極めて広い範囲にわたる様々な意見を包含しているが、その大多数は日本の前途と世界平和との関連から、この講和の成り行きと結果とに対して、深い危惧を表明しているものである。私たちはできる限り多くの国民に、この憂国の声を伝えたい。……

自己の運命にかかわる事柄を直視し、自己の判断と決意とによってこれに対処すること、これを失ってどこにわれわれは、今日の窮状から立ちあがる足場をもつことができよう。このような気骨を失って、どこにわれわれ日本人の独立があり得よう。

「憂国」の思いが語られ、「日本人の独立」を確立するための気骨が強調されている。特集号の予想を超える反響について記した一一月号の「編集後記」も、同じ調子である。日独伊三国同盟締結前後に、ドイツ側からも反ドイツの英国側からも、さまざまなかたちの働きかけがあったことにふれて、吉野は、「権力政治の魔術」への警戒を語り、次のように締めくくっている。

ただ、私たちが日本を愛し、自分を愛し、民族と自己との自主性を失うまいと考えるならば、私たちはこの魔術にひっかからないだけの明智を必要としている。

つまり、単独講和と日米安保条約の締結は、米国に従属することであって、「民族と自己との自主性を失う」ことになるというのである。たしかに、清水が指摘したように、ここには「日本人の素直な愛国心と通い合うもの」があったように思える。

小泉信三の批判で論争に

もっとも、単独講和と日米安保条約の締結と「日本の独立」のかかわりについて、吉野らとまったく別の考え方を示した論者も少なくない。小泉信三も、その一人である。

小泉は先にふれた「平和論——切に平和を願うものとして」で、米ソ対立という厳しい国際情勢下では、「真空状態を造らないことがもっとも肝要である」と論じた。全面講和論者に対する論難は厳しい。

多数講和、安全保障条約の反対論者が、もしも平和の独占者のごとく振舞うなら、それは許し難い僭越である。また親ソ反米の本心をかくし、ただ、日米離間という目的のためにだけ平和の美名を装う者は、平和を賊する者といわねばならない。もしも真実、平和を願う人々が、ただ、平和の名に欺かれて、これに追随するとすれば、それは聡明を欠くものといわねばならない。

小泉の批判に対して、『世界』三月号で、都留重人が反論した（「小泉博士の『平和論』について」)。都留は、小泉の「真空状態」論は米ソ対立を動かない与件としていることを指摘し、イデオロギーのレベルではともかく、現実の権力政治のレベルでは妥協が可能だと説いた。同じ号に載った杉捷夫《すぎとしお》「知識人の任務について」も、小泉論文批判である。杉はフランス文学者で、平和問題談話会の会員ではないが、同じ立場から『世界』に多くの寄稿をしている。「(小泉氏は)半面講和によって達成される独立がそもそもいかなる独立であるかを問題にされない」と、杉はいう。つまり、半面講和(単独講和)は米国への従属につながることを、小泉は分かっていない、といいたいのだろう。

『文藝春秋』三月号には、中野好夫「平和論の憂鬱——私はソ連の弁護士ではない」が載った。小泉が「全面講和論者の中には、サンフランシスコ条約を受け容れるよりは寧ろ占領の継続を選ぶと言明するに至ったものもあるらしい」と批判していたことに応えたものである。

これらの反論に対して、小泉は『世界』五月号で、都留と杉に、『文藝春秋』五月号で、中野に、それぞれ応える。このうち、『世界』に載った「私の平和論について」の次の一節が、この論争の根本的対立点を明確にしてくれる。

かく論じ来ると、自然に認めなければならないのは、ソ連の平和意図に対して都留氏等と私の所見の異なることである。私に比すれば、都留氏は著しく親ソ的、若しくは信ソ的であり、都留氏に比すれば、私は遥にソ連警戒的である。

先に少しふれた丸山眞男「「現実」主義の陥穽――或る編集者への手紙」（『世界』一九五二年五月号）も、直接の言及はないが、小泉を批判したものといっていい。繰り返していえば、そこで、丸山は、「現実」を所与として捉えるのではなく、可塑的なものとして見る思考方法の重要さを強調していた。しかし、「ソ連警戒的」な立場をとるか、あるいはソ連を平和勢力と見るかによって、変えるべき「現実」への対処の仕方は変わってくる。その点で、丸山をはじめとした全面講和論の主導者たちの立場は、「親ソ」はともかくとして、「信ソ」的だったことは否定できない。

『世界』の読者層

サンフランシスコ講和条約と日米安保条約が締結され、政治の現実のレベルでいえば、平和問題談話会の主張は、ひとまず敗北したわけである。だが、平和問題談話会が設定した「問題」そのものが消えてしまったわけではない。

占領が終わり、日本人はようやく自分たちで自分たちのことを決めることができるようになった。占領下、米国の主導によって作られた憲法をどうするのか。その根幹である「陸海空軍その他の戦力は、これを保持しない」と定めた第九条はどうするのか。再軍備、そして憲法改正の是非が、新たな争点になってきた。

講和条約の締結後、平和問題談話会は事実上、解散状態となった。だが、談話会が三回にわたる「声明」「研究報告」で提示した方向は、論壇的にも、現実政治のレベルでも、護憲・改憲反対の原理的立場として生き続ける。具体的には、「再軍備反対・非武装中立」の主張である。現実政治の場では、社会党がこの方針を掲げて、保守党と対峙していく。論壇では、『世界』がその立場からしばしば特集を組み、多くの人が論陣を張った。

この時期、『世界』は相変わらずたしかな読者に支えられて刊行されている。興味深いデータがある。『世界』一九五二年四月号の「編集後記」に、吉野源三郎が一月号に付した読者カードについて記している。一回目の製本分に、はがきを付けたとだけあって、その枚数は分からないのだが、返信数が一万に達した。この結果に吉野も驚いている。

切手代が読者の御負担であるにも拘らず、このような結果をみたことは、おそらくこの種の試みに前例のないことで、私たち雑誌に対する読者の御支援の強さと深さとが感じられ、私たちは非常に心強かった。これは私たちの誇りであり、感謝に堪えないことである。

吉野はカードを職業別に整理した結果も記している。二四パーセントが「会社員（工員を含む）」、二〇パーセントが「教員」、一九・七パーセントが「官公吏」で、総計六三・七パーセントが「俸給生活者」。二三・二パーセントが「学生」。「商業」と「農業」は合わせて一二・二パーセントだったという。「教員」と「学生」を合わせると、四三・二パーセントになる。半分近い。もちろん、読者のうち読者カードを記入して、編集部に送ってきた数ではあるが、『世界』の有力な読者層が、ここにあることは想像できる。

おそらく『中央公論』も似たような傾向があっただろう。いま大学教師の一人として、いったい『世界』を読んでいる学生など、どこにいるのかと思ってしまう。まさに隔世の感というべきか。ともあれ、この時期、「大きな問題」に直面していた日本では、論壇誌は、「教員」「学生」という層に多くの読者を持っていたのである。しかも、読者カードを自己負担で送り返してくる人がこんなにもいたということから分かるように、彼らは熱い期待をもって『世界』を手にしていたのである。

山川均の活躍

この時期、『世界』を舞台にもっとも活躍した論客に山川均がいる。

山川は労農派マルクス主義者で、戦前から社会主義運動の第一線にあった。初期共産党における山川イズムと福本イズムの対立はよく知られていよう。

一八八〇年生まれだから、この時期、すでに七十歳を超えていた。吉野源三郎は、山川が戦後間もなく提唱した「民主人民戦線」に親近感を持っていたようだ（この点については、すでにふれた）。「民主人民戦線」以来、山川の考え方に親近感を持っていたようだが、山川は社会党左派の理論的指導者として、積極的に非武装中立論を展開した。

山川が『世界』に初めて登場したのは、一九五一年一〇月号の講和問題特集号の「非武装憲法の擁護――日本は再び軍備を持つべきか」である。この論文は、山川がガリ版刷りのパンフレットを配っていたものを吉野が読み、『世界』に載せることになったという（「戦後の三十年と『世界』の三十年」、吉野『「戦後」への訣別』所収）。

全面講和論者は山川も含めて、日本は非武装を掲げた憲法を保持しつつ国際連合に加入し、国際的に貢献を果たすべきであるという主張をしていた。しかし、国連は集団的自衛権など武力の発動を認めていたから、全面講和論者の見解を非現実とする批判も強かった。この『世界』デビュー論文で、山川は、こうした批判に対して、「(現行憲法は)連合国の占領下に制定された憲法であって、連合国の意思に反して制定されたものではない」と反論している。

この後、山川は実に精力的に『世界』に論文を書いた。吉野の要請もあったのだろう。五二年一月号の「講和後の日本に民主主義を確立するために」という第二特集では、巻頭に「次の民主革命のために」と題して寄稿した。五月号の「平和憲法と再武装問題」の特集では、巻頭論文を書き、七月号の巻頭も「非武装中立は不可能か」で飾った。さらに、一二月号も巻頭論文「対決の時は開始された——再軍備反対の統一戦線へ」を執筆した。一年に四回登場して、そのうち三回は巻頭論文を執筆している。

以後、山川は座談会なども含めて、五三年と五四年は各二回、五五年から五七年までは各三回、『世界』に登場している。五八年三月、死去。六月号の『世界』には、「山川均氏をしのぶ」として、大内兵衛、荒畑寒村、鈴木茂三郎、向坂逸郎、遠山茂樹の五人が追悼文を寄せ、妻の山川菊栄「かえらぬ夫へ」という文章も載った。山川菊栄は戦前から婦人運動家として知られ、戦後は初代労働省婦人局長も務めた。『世界』にも寄稿は多い。

こうした山川の「重用」に対して、「共産党の人たちから、どういう考えで載せているのか聞きたいと申し入れられたこともありました」と、吉野は回想している（「戦後の三十年と『世界』の三十年」、吉野、前掲書）。吉野は「山川さんの論文はそんな党派的立場を超えて、国際的視野に立つと同時に国内政治に関する緻密な配慮のもとで書かれていて、立派な見識を示していました」と語っている。当時、「共産党の人たち」にも、こう答えたのだろう。『世界』という雑誌と共産党との距離、さらには吉野ら、『世界』を作っていた側のスタンスがうかがえるエピソードである。

清水幾太郎と「内灘」

前述のように、たしかに『世界』には熱い期待を持つ多くの読者がいた。だが、いま振り返ってみると、この時期の『世界』の個々の論文や特集で、インパクトのあるものはあまり見当たらない。〈主張する『世界』〉は健在ではあったが、目次を見ていても、ある種の沈滞ないしはマンネリ感がただよっているように思える。

再軍備をめぐる議論は、現実の展開の方が速かった。朝鮮戦争勃発とともに、警察予備隊が生まれ、保安隊を経て、一九五四年六月、自衛隊が誕生した。「戦力なき軍隊」は急速に既成事実化していった。

一方、より大きな護憲・改憲の争点も、一九五五年に左右社会党が統一し、保守陣営も自由民主党に合同して、いわゆる五五年体制が生まれるころから、緊張感を欠くものとなった。護憲勢力が衆議院の議席の三分の一以上を占め、改憲は当面の政治スケジュールから消えた。

論壇は、むしろこうした時の流れに寄り添っているだけのように見える。そうした中で、清水幾太郎「内灘」（『世界』一九五三年九月号）にふれたい。講和条約と日米安保条約がセットになって結ばれた後、日本で何が争点だったのかを教えてくれるリポートである。

内灘村（現・内灘町）は、金沢市の西北約十二キロメートル、砂丘が広がる漁村だった。五二年九月、その内灘砂丘を米軍の砲弾試射場にする話が持ち上がった。政府が石川県に意向を打診したのである。地元では反対運動が起きた。一一月二〇日にはムシロ旗を立てた村民約千人が県庁に反対を陳情した。

清水は、岩波書店主催の文化講演会のために一一月二九日朝、金沢駅に降り立った。吉野源三郎、中野好夫らが一緒だった。待ち構えていた地元の新聞記者に駅前の喫茶店に連れていかれた。「ウチナダについて、どう思いますか」と質問を受けた。「ウチナダ?」と、清水は思った。以下、『わが人生の断片』から。

ウチナダというのは、どうも地名らしい、と考えているところへ、「是非、平和運動家としての御意見を……」と言う。ひょっとすると、ウチナダという土地にアメリカ軍の軍事基地があって、そこで問題が起っているのではないか。恥をかくなら、かいたらよい、という気持で、「現在は、どういう段階ですか」と言ってみた。

こんなふうにして内灘と出会った清水だったが、『世界』に寄稿した「内灘」では、「私は、心中、密かに、これだ、と叫んだ」と書いている。民衆の生活に根を下ろした基地反対闘争こそ、講和条約と日米安保条約、さらには日米行政協定の廃棄につながるのではないか、と考えたというのである。日米行政協定は米軍駐留の具体的条件を決めたもので、日米安保条約に従って、この年二月、国会の承認を得ることなく調印された。

『世界』の寄稿では「内灘」を知らなかったことは書いていない。『わが人生の断片』は後年の記述とはいえ、正直といえば正直である。

平和問題談話会の主要メンバーの一人として声明の起草などにかかわってきた清水だったが、その後の朝鮮戦争の勃発、単独講和、日米安保条約の調印という事態の変化の中で、新しい活躍の場を求めていたということになろうか。

「内灘」の中で、清水は、こう書いている。

……内灘は、基地問題に対する私の眼を開いてくれた。私にとって、内灘は即ち基地であり、基地は即ち内灘である。こうして、昨秋の旅行は、基地問題を私に突きつけ、突きつけることによって、私の一生に一つの刻み目をつける結果になった。私は、基地の問題の中に、自分の義務を見た。

知識人のリクツではなく、現に反米軍基地というかたちで、「米国」と闘っている大衆と直接連帯する。清水は、そこにのめりこんでいった。平和問題談話会に集った大学教授たちが教壇で平穏な日々を送る中、清水は平和運動の闘士に変貌していった。

素朴なナショナリズムの心情

この時期、内灘以外にも各地で基地をはじめ、米軍施設の設置や拡張をめぐって、地元住民による反対闘争が起きていた。都内の出来事だったこともあって、多くの支援者が集まり、大きな注目を浴びたのは、米軍立川基地の拡張をめぐる東京・砂川町（現・立川市砂川町）の闘争だった。

一九五六年九月一三日には強制測量が行われ、阻止しようとする地元町民・労組員・学生らと警官隊が衝突して、七十人以上の重軽傷者が出た。

『世界』一二月号は、「砂川――私は見た」という小特集を組んでいる。中野好夫「その根は深い」が、印象的な場面を伝えている。

スクラムを組む学生たちが「民族独立行動隊」を歌う。「民族の自由を守れ　決起せよ祖国の労働者　栄えある革命の伝統を守れ……」という歌である。ときに、歌声は「赤とんぼ」や「ふるさと」に変わった。

……予備隊警官の若い、ときにはまだ紅顔の面影さえのこっている隊員の中に、十人やそこらはじっとうつむいていたり、うつろの如く考えているようなのがきっとある。……果してそのときに若い人たちの胸の奥を去来していた思いはなんであったのか？

学生たちの歌う「民族独立行動隊の歌」は、砂川闘争の、いわば「テーマソング」だった。そこには「民族」や「祖国」が、まことにストレートに歌われていた。一方、「赤とんぼ」や「ふるさと」の抒情は、つまりは、「民族」や「祖国」といった硬い言葉の内実である。米国が力にまかせて、わが祖国の土地を蹂躙している――各地の反基地闘争の背後には、人々のこうした素朴なナショナリズムの心情があったにちがいない。

先に、「あの頃の『世界』は、日本人の素直な愛国心と通い合うものを持っていた」という清水幾太郎の言葉を紹介した。それと結びつけると、反基地闘争の背後にあった素朴なナショナリズムの心情は、その「素直な愛国心」の一つの具体的な発現だったのだ。

そういえば、清水の「内灘」にも、人々のナショナリズムの心情を刺激するセンセーショナルな比喩があった。清水は「内灘は清潔な処女である」と書き、すでに朝鮮戦争の帰休兵で潤う米軍基地の町を「アメリカ軍に寄生するアバズレ女」と呼んだ。内灘を「アバズレ女」にしてはならないと訴えたのである。

スターリン批判の衝撃

一九五〇年代後半、日本の論壇に大きな影響を与えた出来事として、スターリン批判とハンガリー事件がある。

一九五六年二月二五日、モスクワで開かれたソ連共産党第二十回大会最終日、各国共産党代表に退席を求め、フルシチョフ第一書記が演壇に立った。後に「フルシチョフ秘密演説」と呼ばれるこの演説は、六月、米国国務省を通じて明らかになる。フルシチョフは、個人崇拝、独裁、大量粛清の事実を暴露し、スターリンを激しく批判した。レーニンを受け継いだ社会主義革命の輝ける指導者は、死後わずか三年で偶像の位置からひきずり降ろされたのである。

先に、都留重人の平和論を批判した小泉信三の文章を紹介した。小泉は、都留を「著しく親ソ的、若しくは信ソ的」と断じた。「親ソ」ないしは「信ソ」は、要するにソ連の社会主義体制を肯定的に評価する立場である。その意味での「親ソ」ないしは「信ソ」は、ある時期まで日本の論壇の主流だったといっていい。マルクス主義者でなくとも、小泉のような「ソ連警戒的」な論者は少数派だった。それだけに、スターリン批判は日本の論壇に衝撃的だった。

「秘密演説」に先立って、大会三日目に行われた演説で、ミコヤン第一副首相がすでにスターリンに対する個人崇拝の問題を指摘していた。四月号の『世界』『中央公論』は、ともに大会初日のフルシチョフ一般報告とこのミコヤン演説の抄録ないし全文を掲載した。米国国務省ルートで「秘密演説」が公表されると、『中央公論』八月号は、全文を一挙掲載した。

これに対して、『世界』は八月号には関連論文はないし、九月号でも「社会主義への道は一つではない！」と題した特集を組むなど、いささかピンボケの対応である。フルシチョフ一般報告とミコヤン演説の抄録を載せた四月号の後、五月号では「問題は何か――フルシチョフ・ミコヤンの発言をめぐって」と題した座談会を行っているが、出席者は「スターリン理論全体を批判し全面的にこれを否定したものではない」「スターリンの功績までも抹殺したり、情勢の罪までスターリンに負わすことは戒めるべき」といった発言をしている。

丸山眞男は、五六年一一月号の『世界』に「スターリン批判の批判――政治認識論をめぐる若干の問題」を寄稿した（後に「「スターリン批判」における政治の論理」と改題、『丸山眞男集』第六巻）。マルクス主義者の政治認識を分析したものだった。そこで、丸山は、すべての現象を経済的下部構造に帰着させる「基底体制還元主義」、「ついには正体を暴露した」というパターンの「本質顕現」型思考様式を指摘した。鋭利な分析にはちがいないのだが、丸山にもスターリン体制の問題をソ連社会主義の体制そのものの問題として考察する視点はなかった。

スターリン批判の思想史的な意味には深入りできないが、小島亮がいうように、それは「スターリン体制を守るためのスターリン個人の批判」(『ハンガリー事件と日本――一九五六年・思想史的考察』)だった。スターリン批判は、ソ連国家の延命を図る権力内部のドラマだった。しかし、スターリンの個人崇拝が問題ではなく、個人崇拝を生んだソ連社会主義の体制そのものが問われていたのである。「親ソ」ないしは「信ソ」が主流の日本の論壇では、こうした方向の議論は深まることがなかった。

ソ連介入を正当化――ハンガリー事件

日本の論壇のこうした「弱点」を衝くようにして、間もなくハンガリー事件が起きた。ソ連の強い影響下にあったハンガリーで、民主化を求める市民・労働者が立ち上がった。ソ連は二回にわたり、軍事介入し、圧倒的な兵力でハンガリー全土を制圧した。一九五六年一〇月から一一月にかけての出来事である。死者三千人（数万人という説もある）、西側への亡命者は約二十万人に達した。

「社会主義の国・ソ連」の軍隊が、「友好国」のハンガリーの民衆に銃弾を浴びせたのである。「親ソ」ないしは「信ソ」の知識人たちは、ソ連を「平和勢力」ととらえ、だからこそ、米ソの平和共存が可能なのだ、と説いてきた。その認識枠組みの根幹にかかわる出来事だった。

だが、『世界』などを舞台に活躍していた既成の論壇人たちの多くは、そうした問題意識を持たないまま、どうにかして旧来の認識を維持しようとしていた。ここでは、その最悪の事例を紹介する。

『世界』五七年四月号に「座談会・歴史のなかで」が載った。出席者は、山川均、大内兵衛、上原専禄の三人。山川についてはは先にふれた。大内もすでに何度か名前をあげた。同心会メンバーとして『世界』創刊にかかわり、三木清の通夜の帰途、新しい雑誌について、吉野源三郎に「落ち着いたものに」と忠告した話も紹介した。財政学者で、この時期は法政大学総長。平和問題談話会の会員でもあった。上原は、中世ヨーロッパ史専攻の歴史学者。この時期、一橋大学教授。平和問題談話会には入っていなかったが、『世界』にはしばしば寄稿していた。

ソ連の軍事介入は誤りではなかったか、という話題に、山川は、こう応じる。

しかし（ソ連の介入なしに）うっちゃっておいたなら、ハンガリアの民衆の中からしっかりとした中心勢力が生まれて、秩序が回復しておったかどうかということも疑問じゃないか。

ソ連の軍事介入は正しい判断だったということらしい。

大内は、もっと無残である。ハンガリーの民衆が行動を起こした理由をめぐって、次のように語る。

同じ民衆といっても、イギリスとアメリカと日本とハンガリアとでは、非常に違うと思う。ハンガリアの民衆はそういう国と比べたら、その政治的訓練が相当低い。……民衆の要求はいつでも正しいという風に考えるのは間違いだ。従って民衆がさわいだという点から、その国の政治が全部あやまっていたと判断するのは、必ずしも民主主義的ではない。

ハンガリー社会主義の内部の欠陥が民衆の蜂起につながったのではないか、という点についても、大内は、まことにノーテンキである。

それはもちろんある。それがなければ火はつかない。しかし、内部的な原因がどの位大きかったかは別の問題ですよ。それがそんなに大きくなくても火はつくよ（笑声）。

この末尾の「（笑声）」は、まちがいなく編集部が座談会の原稿を起こす際に付けたものである。

そして、大内の次の発言には唖然としてしまう。

ハンガリアはあまり着実に進歩している国ではない。あるいはデモクラシーが発達している国ではない。元来は百姓国ですからね。

「六〇年安保」へ

スターリン批判とそれに続くハンガリー事件は、一九八九年、ベルリンの壁が崩され、九一年にはソ連が消滅するという歴史の流れにつながる、最初の、しかし、たしかな前兆だっただろう。むろん、預言者ならぬ当時の論壇人たちが、それを予測できたはずはない。

一方、スターリン批判やハンガリー事件で「社会主義」の威信が揺らぎ始めたころ、日本社会は、高度経済成長による大きな構造変動の時代に向かって走り出していた。〈「総合雑誌」の時代〉を現出し、〈『世界』の時代〉を支えていた「戦後」の枠組みも急速に変わりつつあった。

いま、当時の論壇を振り返ると、こうした内外の変化に自覚的だった言論は、それほど多くない。戦後数多く生まれた総合雑誌の多くは消え、「チャンピオン」として生き残った『世界』も実のところ、時代の流れに取り残されつつあったといっていいかもしれない。

時代の変化をとらえた論考のいくつかは後に紹介するとして、その前に、〈『世界』の時代〉が終わりを告げる最後の光芒ともいうべき「六〇年安保」について述べなくてはならない。

一九六〇年、日米安保条約改定をめぐって、日本は空前の「政治の季節」を迎える。

第六章　政治の季節——「六〇年安保」と論壇

矢継ぎ早に「特集」

『世界』は一九五九年四月号で、「日米安保条約改定問題」を特集する。〈主張する雑誌〉は、ターゲットを「日米安保」に定めたようだった。この後、矢継ぎ早に、「特集」のかたちで、この問題を取り上げた。関連するものも含めて、タイトルを拾ってみよう。それにしても、政党機関誌や社会運動の機関誌などではなく、一個の商業雑誌が、このように総力をあげて、一つの主張を展開したケースは空前にして絶後だろう。

日本外交の再検討　五九年五月号
政府の安保改定構想を批判する〔共同討議〕　五九年一〇月号
安保体制からの脱却　五九年一一月号
〔共同討議〕ふたたび安保改定について　六〇年二月号
批准国会と国民　六〇年四月号
沈黙は許されるのか――条約批准と日中関係　六〇年五月号
主権者は国民である――安保条約をめぐる国民運動と今後の課題　六〇年八月号

私は証言する――六月十五日暴虐の記録　六〇年八月号
安保闘争の成果と展望　六〇年一〇月号

こうした特集以外にも多くの単発の論考が掲載された。福田歓一「二者選一のとき――偽りのジレンマに抗して」（五九年七月号）、坂本義和「中立日本の防衛構想――日米安保体制に代るもの」（五九年八月号）、大内兵衛「安保改定と憲法」（五九年九月号）、中野好夫「なぜ今割れるのか――激化する安保改定反対闘争のなかで」（五九年一二月号）など、枚挙にいとまない。

このうち、ここにあげた坂本義和の論文は、核の下、「恐怖の均衡」状態にある世界の根本的危うさを指摘し、日本の中立化を主張した。国連警察軍の日本駐留による安全保障を提言するなど、具体的な安全保障策も提示して、注目された。

平和問題談話会が自然消滅のようにして解散した後、丸山眞男、清水幾太郎、石田雄、日高六郎、加藤周一、福田歓一、小林直樹らが参加して、国際問題談話会が結成された。国際問題談話会はその名前からうかがえるように、平和問題談話会のリニューアル版といえる。清水、丸山が年長で、若手の知識人が参加した。

坂本もその一人である。一九二七年生まれの国際政治学者。当時、まだ三十代前半の東京大学助教授。この論文以降、六〇年代を通じて、『世界』に数多くの文章を寄せ、新世代の戦後進歩派の論客として論壇で活躍する。

五九年一〇月号の「政府の安保改定構想を批判する（共同討議）」は、国際問題談話会の共同討議をまとめたものである。一切の軍事同盟からの中立を守ることによって、米国への従属から脱し、日本の自主性を確立すべきである、と主張した。これも平和問題談話会が掲げた主張の「更新版」といっていいだろう。

警職法闘争の「成功」体験

鳩山一郎が日ソ国交回復を花道に首相の座を降りた後、自民党内での激しい抗争を経て、政権の座についたのは石橋湛山だった。だが、病を得た石橋は就任わずか二カ月、一九五七年二月、首相の座を岸信介に譲る。

岸は、太平洋戦争開戦時、東条内閣の商工大臣だった。戦後はA級戦犯容疑者として巣鴨プリズンに収監されたが、一九四八年釈放された。「A級戦犯容疑者だった男」という経歴は、後に安保改定反対運動が「民主主義を守れ」というかたちで昂揚していったとき、少なくない影響があった。

一九五一年、講和条約とセットになって調印された日米安保条約は、米国の日本防衛義務の規定がなく、日本が一方的に基地を提供する内容だった。条約の年限に関する規定もなかった。岸政権は、この見直しを求めて米国と交渉を始めた。

藤山愛一郎外相による日米交渉が進む中、国内では岸政権の強権的姿勢に対する反発が強まっていた。

一九五八年四月、教職員の勤務評定が実施されることになった。日教組は、学校管理の強化と日教組抑圧を目的としたものとして強く反対し、組織をあげて反対運動に取り組んだ。これに対して、文部省は大量処分で応じ、子どもたちをそっちのけで日教組と文部省の対立が先鋭化した。

この年一〇月には、職務質問など、警察官の権限を拡大する警察官職務執行法（警職法）改正案が国会に提出された。「デートも邪魔する警職法」といった分かりやすいスローガンも登場して、警職法改正への反対運動はかつてない広がりを見せた。社会党・総評など六十五団体が警職法改悪反対国民会議を結成し、五次にわたる全国統一行動を行った。

結局、岸内閣は改正をあきらめ、法案は審議未了となった。中村政則は「私は、当時、大学生であったが、大衆運動が勝利をしめたのは初めての経験であり、労働者・学生に「やれば出来る」という気持ちを与えた。これが翌年からの安保闘争につながっていった」と記している（『戦後史』）。

五月一九日の強行採決

一九六〇年一月一九日、岸首相はワシントンで新安保条約に調印した。「日本国の施政の下にある領域における、いずれか一方に対する武力攻撃」に対する日米双方の共同防衛義務をうたい、「日本国の安全に寄与し、並びに極東における国際の平和及び安全の維持に寄与するため」に米軍基地を置くことを規定した。付属の交換公文では、日本の米軍基地の「配置における重要な変更、同軍隊の装備における重要な変更」などについては、事前協議することが確認された。日本政府は、核兵器の持ち込みは、この事前協議の対象であると説明した。

条約の内容がほぼ明らかになるとともに、一九五九年三月、安保条約改定阻止国民会議が結成された。警職法反対運動の方式である。だが、全国統一行動は警職法のときのようには盛り上がらなかった。「デートも邪魔する警職法」という分かりやすいスローガンがあった警職法に比べ、外交・安全保障問題は、人々の関心から遠かったのである。このころのことを、清水幾太郎が次のように回想している（『わが人生の断片』）。

昭和三十四年の夏頃には、「安保は負けだ」という呟きも耳に入っていた。「安保は重い」という言葉が挨拶のようになったのは、敗戦後十四年経って、私たちの生活が敗戦直後の窮乏および混乱を何とか切抜けて、慎ましいながら、一種の安定に辿りつ いた証拠でもあると思う。多くの人々は、その小さな安定を崩したくない気持になっていたと思う。

五九年一一月二七日、全学連主流派の学生らによる国会構内突入事件があった。当時、全学連では、共産党の指導から離れて結成された共産主義者同盟（ブント）が執行部を独占していた。ブント全学連はやがて「六〇年安保」の主役となるが、この段階では彼らの行動に対しては「はねあがり」との批判が強かった。条約批准を審議する国会の論戦も「極東の範囲」などをめぐって一見華々しかったが、実りのあるものではなかった。

「安保反対」の声を一気に高めることになったのは、一九六〇年五月一九日の自民党による新安保条約承認案の衆議院強行採決だった。六月一九日にはアイゼンハワー米大統領が訪日することになっていた。強行採決はこの日程に合わせたものといわれた。参議院の議決が得られなくとも五月一九日に衆議院で承認された条約は、憲法の規定により三十日を過ぎれば自然承認となる。

岸の強引なやり方は、東条内閣の閣僚・元A級戦犯容疑者という履歴とあいまって、まだ多くの人々の記憶に鮮明に残っている戦前社会を想起させた。たしかに、五月一九日の強行採決によって「問題は安保への賛否から、「戦前日本」と「戦後日本」という「二つの国家のたたかい」に転換しつつあった」（小熊英二『〈民主〉と〈愛国〉』）といっていい。「戦後日本」を表徴するものは、「民主主義」にほかならなかった。「民主主義を守れ」という人々の声は、同時に「戦後日本」という国家への帰属意識の能動的な表明だった。たしかに、「安保への挑戦という形で、日本の歴史ではじめてデモクラシーとナショナリズムとが、手を結ぶことになった」（座談会「現在の政治状況」〈『世界』六〇年八月号〉での坂本義和の発言）のである。

「いまこそ国会へ」

五月一九日の強行採決は沈滞気味だった反対運動を一気に昂揚させた。この時期になって、警職法反対運動の「成功」体験も、多くの人々によみがえってきただろう。連日、国会周辺は数万のデモ隊で埋まった。国会周辺だけではない。全国各地で、「岸を倒せ」の声が沸き起こった。

テレビがようやく家庭に広く普及し出した時代である。岸・自民党が国会に警官隊を導入して、社会党議員を力ずくで排除して行った暴挙は、テレビの映像を通じて雄弁に岸政権の強権的な性格を人々に印象づけた。

こうした事態を見通していたかのように、『世界』五月号に、清水幾太郎「いまこそ国会へ――請願のすすめ」が載った。この論文が掲載されるまでのいきさつは、私自身、当時、『世界』編集部員だった安江良介（後、『世界』編集長、岩波書店社長）に直接聞く機会があった（その内容は、毎日新聞社編『岩波書店と文藝春秋』所収）。

発端は、編集会議での吉野源三郎の発言だった。当時、吉野は『世界』編集長ではあったが、編集担当常務も兼任していて、『世界』の編集会議には月に一度出てくる程度だった。ただ、編集部に届く読者からの手紙には丹念に目を通していた。

その日も吉野は、読者の手紙をもとに話を切り出した。その手紙は、「『世界』の誌面を読んでいて、安保改定がまちがっていることは分かった。東京ではデモをしていると聞くが、地方にいるわれわれはどうしたらいいのか」という内容だった。吉野は「これにどう答えるか考えたい。たとえば、国会に対する憲法上の請願権があるんじゃないか」と、編集部員に問題を投げかけた。

これを受けて、清水に寄稿を依頼に行った。安江自身が草稿を作っていた。清水は「そんな生ぬるいことで、君、いいのかい」と語ったという。

より直接的な実力行使を主張していた全学連主流派に対する清水の肩入れをうかがわせるエピソードだが、清水が手を入れた文章そのものは、見事なアジテーションになっている。

今こそ国会へ行こう。請願は今日でも出来ることである。誰にでも出来ることである。……それは、一切の人間が有する権利である。……北は北海道から、南は九州から、手に一枚の請願書を携えた日本人の群が東京へ集まって、国会議事堂を幾重にも取り巻いたら、また、その行列が尽きることを知らなかったら、そこに、何物も抗し得ない政治的実力が生れて来る。それは新安保条約の批准を阻止し、日本の議会政治を正道に立ち戻らせるだろう。

清水論文が掲載された『世界』五月号は四月七日に発売された。清水は『わが人生の断片』に、「発売日は『近代日本総合年表』に特に記されている」と、いくぶん誇らしげに記している。五月一九日の強行採決の四十日ほど前になるが、強行採決のあった後、あたかもこの清水論文に促されたかのように、国会に請願の波が押し寄せた。

福岡県大牟田市の三井三池炭鉱では、「総資本対総労働」といわれた三池争議が激しく闘われていた。個々の労働組合も、そのナショナルセンターとしての総評も、エネルギーにあふれていた時代であった。こうしたエネルギーが国会周辺の渦とつながっていたこともまた、まちがいない。

自然承認――その夜の清水と丸山

六月一五日午後五時半過ぎ、全学連主流派の学生たちが国会南通用門を実力で開け、国会構内に入った。これを排除しようとする警官隊と激しい乱闘となる。騒乱の中で、東京大学文学部四年生、樺美智子《かんばみちこ》が死んだ。東京消防庁の発表では、この夜、重傷四十三人を含む五百八十九人が負傷した。一六日、アイゼンハワー大統領の訪日中止が発表された。一七日、朝日・毎日・読売など七つの新聞社が、「暴力を排し、議会主義を守れ」という共同宣言を発表した。「その事の依ってきたる所以を別にして」という文言を含む宣言に対して、反対運動の中から強い批判が起きただけでなく、多くの人々が、新聞社が共同して宣言を発表するという異例の行為に違和感を抱いた。

一八日、国会周辺はデモの隊列で埋まった。全学連主流派の一万五千人をはじめ四万人以上が正門前に座り込む中、一九日午前零時、新安保条約は参議院の議決を経ることなく自然承認された。二三日、米国と批准書交換を終え、岸首相は退陣を表明した。

一八日夜、丸山眞男と清水幾太郎はともに国会周辺の人波の中にいた。しかし、二人の思いはまったくちがっていた。

……私は国会の正門前にいた。トランジスター・ラジオが午前零時を告げた瞬間、私は一緒にいた家族とともにワーワー泣き出してしまった。

これは、清水幾太郎の直後の文章の一節である（「勝てる闘いになぜ負けたのか――安保反対運動総括のすすめ」、『週刊読書人』六〇年七月二五日号）。一方、丸山は、冷静に、その時を迎えた。

……（私は）国会の南門からちょっと首相官邸寄りのところで、帯のようにギッシリと坐り込んだ学生の外側を人波にもまれて歩いていました。チラッと腕時計を見て、「ああ過ぎたな」と思っただけで、特別なんの感情も湧きませんでしたね。

『中央公論』のインタビューに答えた一節で、六〇年八月号に「八・一五と五・一九——日本民主主義の歴史的意味」として掲載された。

安保改定反対運動は、空前の規模の大衆運動だった。だが、新安保条約成立を阻むことはできなかった。「闘争」の終結は、「総括」の季節である。ともに闘っていた人々の間のさまざまな亀裂が、否応なくあらわになってくるのだった。

「復初の説」「民主か独裁か」

六月一九日午前零時、「ワーワー泣き出してしまった」という清水幾太郎と、「特別なんの感情も湧きませんでしたね」という丸山眞男との間を分かつものは、「民主主義」だったといえるだろう。

一九六〇年五月一九日の強行採決後、丸山は憲法問題調査会が主催した「民主政治を守る会」で「復初の説」と題して講演した。講演は『世界』八月号と『みすず』(みすず書房)八月号に掲載された(『丸山眞男集』第八巻)。憲法問題調査会は、平和問題談話会の一つの「後継団体」ともいえるもので、護憲派の知識人の集団だった。

丸山は、「ものの本質に立ち返り、事柄の本源に立ち返る」という意味の朱子学の用語「復性復初」を使って、強行採決後の事態にどのように対処すべきかを問いかけた。ここで「復」すべき「初」は、強行採決があった五月一九日であり、それを「八・一五」につなげて考えることが重要なのだと主張した。

私たちが廃墟の中から、新しい日本の建設というものを決意した、あの時点の気持というものを、いつも思い直せということ、それは私たちのみならず、ここに私は特に言論機関に心から希望する次第であります。

ここで、丸山が「言論機関」と明示して、「復初」を説いたことは、ある意味で予言的だった。六月一五日の樺美智子の死を招いた騒乱の後、前述のように、七新聞社は、「その事の依ってきたる所以を別にして」、反対運動の側に暴力を排することを求めた。「事の依ってきたる所以」をもっとも重視するのが「復初」の立場だろう。丸山の「復初の説」は、この七新聞社の「共同宣言」批判を先取りするものだった。

ともあれ、丸山にとって、問題は「民主主義」であった。中国文学者・竹内好もほぼ同じ立場だった。

竹内は、より直截な言葉を使って、事態の本質を示そうとした。六月二日、文京公会堂で開かれた集会で、竹内は「民主か独裁か──当面の状況判断」と題して講演した（講演内容は図書新聞六〇年六月四日号、『不服従の遺産』所収）。

竹内は、強行採決によって、問題はいまや新安保条約への賛否ではなく、「民主か独裁か」にしぼられた、といいきってみせた。竹内は東京都立大学教授の職にあったが、五月二一日、岸政権のもとで公務員に留まることはできないとして、辞職していた（鶴見俊輔も同様の理由で、同じ日に東京工業大学助教授を辞職）。

五月一九日以降、既成の組織とはちがうかたちで、さまざまな集団が生まれた。よく知られているのは「声なき声の会」だろう。六月四日、画家・小林トミが「誰でも入れる声なき声の会」というプラカードを掲げて歩くと、歩行者たちが次々に加わってきた。最初の二人が最後は三百人になった。よく知られた「声なき声の会」発祥を告げるエピソードである（小林トミ「声なき声の行進」、『思想の科学』一九六〇年七月号）。

五月二八日、記者会見で反対運動の高まりについて質問された岸首相が「私は「声なき声」にも耳を傾けなければならないと思う。いまのは「声ある声」だけだ」と応じた。「声なき声の会」は、この言葉を見事に反転させた。こうした発想は既成の運動からはおそらく出てこなかっただろう。

丸山や竹内は、強行採決に反対して「安保反対」とともに「岸を倒せ」と叫ぶ広範の民衆の登場したことを、思想や理論ではない「民主主義」がようやく戦後日本に立ち現れたとして評価した。彼らにとって、岸政権の退陣につながった安保反対運動は決して「敗北」ではなかったのである。

清水と吉本の「総括」

清水幾太郎にとって、「六〇年安保」は、丸山眞男や竹内好とはまったくちがうものだった。後年、清水は「私にとって、安保闘争というのは、battle（戦闘）ではなく、war（戦争）であった」と語っている（『わが人生の断片』）。

内灘や砂川の闘争はbattleだったが、安保闘争は「battleの根本的前提である安保条約そのものが争点であることによってwarであった」というのだ。「戦争」に負けたと考える清水に、「民主主義の勝利」といった評価などあり得なかった。「民主主義などどうでもよかった。ただ喧嘩に負けた口惜しさだけであった」（『わが人生の断片』）というのが、清水の総括だった。清水にとって、果敢に闘う全学連主流派の学生たちは、もっとも頼りになる「戦友」だったのだろう。

五月末、『世界』から原稿を頼まれた清水は、短い原稿を書いた。後年の本人の説明によると、「私の見るところ、本気で頑張っているのは全学連ぐらいなものである、という趣旨の文章であった」という（『わが人生の断片』）。

この文章は編集長・吉野源三郎の決断でボツとなる。清水は、「この没書以来、『世界』は、私にとって最も遠い雑誌になった」と書いている。事実、一九五八年から六〇年までの三年間だけで、十回も『世界』に登場した清水の文章は、これ以後、『世界』から消える。例外は、学習院大学教授としてかかわりの深かった安倍能成（学習院院長）の追悼文

（六六年九月号）だけである。

全学連主流派を支持したという点では、清水と似たかたちで「六〇年安保」にかかわったのは、吉本隆明である。詩人としての仕事を超えた吉本の戦後の文業は、文学者の戦争責任を鋭く追及することから始まった。安保改定反対運動が総括の季節を迎えたとき、吉本は、共産党と丸山らの進歩的文化人をともに激しく批判した。「擬制の終焉」と題された論文は、その名も『民主主義の神話──安保闘争の思想的総括』（谷川雁、埴谷雄高、黒田寛一、梅本克己らとの共著）として最初、一九六〇年一〇月に刊行された（後に、『擬制の終焉』所収）。

吉本は、共産党も丸山らも、ついには徹底的に闘うことがなかった、と批判した。吉本にとって、共産党の指導者たちも「擬制前衛」であり、丸山らが掲げる「民主主義」も「擬制」に過ぎなかった。安保闘争は、その「擬制」の「終焉」を物語るものにほかならなかったのである。

清水にとっても吉本にとっても、「六〇年安保」は、つまりは革命の挫折だった。清水においては、それはたぶんに心情的だったが、吉本の場合、共産党から進歩的文化人までをなで切りにしたうえで、新左翼諸派の理論の検討に及ぶという壮大な「思想的総括」をともなっていた。吉本は翌六一年、谷川雁、村上一郎とともに雑誌『試行』を創刊して、独自の思想的営みを続ける。

江藤淳の場合

五月一九日の強行採決の後、既成の組織とはちがうかたちの集団が生まれたことにふれ、先に「声なき声の会」について述べた。江藤淳、浅利慶太、開高健、大江健三郎、石原慎太郎、谷川俊太郎、寺山修司、武満徹らが結成した「若い日本の会」も、そうした集団だった。ここに名前をあげた人たちは、いずれも、後にそれぞれの世界で大きな業績を残すことになる人たちである。

「若い日本の会」は、江藤によれば、「そういう「組織」が恒にあるわけではなく、五人寄れば五人が、五十人寄れば五十人がこの会の会員である」というものだった（「〝声なきもの〟も起ちあがる」、『中央公論』六〇年七月号）。何か、後の「ベトナムに平和を！」市民連合（べ平連）を想起させる新しい人と人のつながり方だったといえるだろう。

江藤は、五月一九日の強行採決をテレビニュースで見て、「彼ら（岸内閣と自民党主流派）は多数を頼んで民主主義の精神を陵辱した」ことに怒りを感じる。

デモにも行くことを知らず、労働歌をうたうことも好まない市民といえども、前後左右の他人に気兼ねし、とぼしい智慧をしぼり、日銭を稼いで生きている。恥も忍んでいる。悪いこともこそこそやっている。だが、岸信介氏とその一党のような横暴はここでは許されない。彼らは人間を侮蔑しているのである。

こう考えたとき、私の問題がすでに安保条約の可否を超えて民主主義の、つまり、私たちの生活がその上に成立っている最低限の約束の存否にかかわる問題であることを悟った。

このように書いたとき、江藤は、「民主か独裁か」と問題提起した竹内好と、ほぼ同じ場所にいたといっていいかもしれない。だが、半年後、江藤は「〝戦後〟知識人の破産」(『文藝春秋』六一年一一月号、『一九四六年憲法――その拘束』所収)を書き、「「安保闘争」という異常事」を、苦い思いで総括することになる。

「最近、久しぶりに綜合雑誌をすみずみまで読んだ。読み終わって感じたのは奇妙な空々しさである」と江藤は書き出す。そこには「ほとんどひとつとして生きた文章がない」と、文芸評論家らしい断罪が続く。「一種の知的破産のあとの空虚さ」があるのみだという。いったい、何が破産したのか。

それは、「多分、戦後の日本のインテリゲンツィアが信奉して来た規範であり、思考の型であろう」と江藤はいう。八月一五日の敗戦によって生まれた「政治の仕掛け」を絶対の規範とし、それを守ることを絶対の正義とする思考の型が、それである。こうした立場から、江藤は、清水幾太郎と丸山眞男を串刺しにして批判する。

両氏（清水、丸山）は「事柄の本源」を八月十五日に求めようとするところで一致し、すくなくとも政治に道徳の中心を見ようとするところで一致している。……強いて異を立てるとすれば、丸山氏はいわば予算書を書いて、破産などおこらないといっているのに対して、清水氏が決算書を書いて半ば無意識のうちに破産を立証してしまっただけのことであろう。

江藤にとっては、丸山や清水は、結局、「戦後」という仮構を根拠にものを語っているに過ぎないのである。

「戦後」という仮構をとり去ってみるがいい。日本を支えて来たものが生活する実際家たちの努力で、それを危地においやったのが理想家の幻想であったという一本の筋が今日までつながっているのが見えるであろう。

この後、江藤は自ら「戦後」という仮構を暴く一連の仕事を展開することになる。

福田恆存の進歩派批判

「六〇年安保」の熱狂を終始、醒めた目で見つめていたのは、福田恆存である。

清水幾太郎の密葬の際、会葬者席の最前列に福田がいたことは、序章でふれた。敗戦後間もない時期、福田は、清水が所長をしていた二十世紀研究所の所員だった。そのことについても述べた。もとより、この時期にあっても清水と福田とは異質の知識人だったにちがいない。だが、少なくとも、これもすでに指摘したように、「同じ場所」を共有していたことはまちがいない。その二人は、「六〇年安保」では対極の場所にいた。

文芸評論家、英文学者、演劇人など、多彩な活躍をした福田は、進歩的知識人とその思想をラディカルに批判した保守派の論客でもあった。

その点で、福田が最初に注目されたのは、『中央公論』一九五四年一二月号に掲載された「平和論の進め方についての疑問——どう覚悟を決めたらいいのか」(『平和論にたいする疑問』所収)だった。「平和論」と名づけて、福田がここで標的としたのは、平和問題談話会の「声明」などを通じて、いわば「論壇」の主流になっていたものの考え方である。

個々の問題をすべて日米安保条約の存在に結びつける「平和論」の指向が、まず一般的に批判される。福田は、その言葉を使っていないが、この批判は、丸山がスターリン批判について論評した際に使った「基底体制還元主義」を思わせる。

さらに、個別的な「平和論」への疑問が、次々にあげられる。福田にとって一番大きな問題は、「平和論の結果としては、それをまじめに受けとった青年たちの眼に資本主義国はすべて悪玉に映じてくる」事態である。ソ連＝平和勢力、米国＝好戦的と、どうしていえるのか、十九世紀型の独立国家など、いまやありえないのであって、米国と協力して、どうしていけないのか、と福田は問いかける。

この福田論文は「平和論」側の反論を呼び、それに対して福田が再批判するなど、論争になったのだが、ここでは時間を一九六〇年に進める。福田は、まだ安保改定反対運動がそれほどの広がりをみせる前、一九六〇年一月号の『文藝春秋』に「進歩主義の自己欺瞞」を書いている。進歩を最高の価値にまで祭りあげ、「進歩に仕えるだけではない。進歩以外のものには仕えないことを誓った思想的態度」としての進歩主義を原理的に批判したものである。

「安保闘争」が終わった後、福田は「常識に還れ」を『新潮』(一九六〇年九月号)に発表した(『常識に還れ』所収)。進歩主義批判の応用編といっていい。進歩主義を支える「社会科学思考」に、福田は常識を対置する。常識は、たとえば、次のようなものである。

私の知っている限り、新条約は与党の言うほど改善されたものではないが、野党の言うほど日本を危機に曝すものではなおさらない。

国民大衆は、こうした常識を持ち合わせているのに、「安保反対」を叫び、新安保条約成立後は、「民主主義の定着」と評価した進歩派には、これが欠けている、と福田はいう。福田のこうした問いかけに対して、名指しで批判された丸山を含め、応じた者はいなかった。福田は、さらに「論争のすすめ」(『中央公論』六一年三月号)を書いたが、論争は起きることはなかった。

戦後日本の「通過儀礼」

「六〇年安保」とは、いったいなんだったのか――。私自身の能力は別にして、論壇という場に限定した本書の手に余る問いである。だが、論壇という場に引きつけて、ほんの少し私の考えを記しておきたい。

昭和史研究家・保阪正康は、「六〇年安保」の発端から終焉までを検証した一九八六年刊行の著書『六〇年安保闘争』で、「いま「六〇年安保闘争」をふり返ってみるとき、戦後の日本がいちどは通過しなければならない儀式だったと分析するのが、もっとも妥当性をもっているように思う」と記している。

最初に読んだとき、なるほど、「通過儀礼」か、と思った記憶がある。敗戦で、国民国家・日本は「出直し」を余儀なくされた。いいかえれば、新しく出生したのである。だとすると、「六〇年安保」は、そのとき出生した子どもが成人する前に経験しなければならなかった「通過儀礼」だったといえそうだ。

占領期を含めて「六〇年安保」までの十五年は、日本にとって新しい国づくり（ネーション・ビルディング）の期間だった。いかなるネーションが望ましいのか。ネーションの構想が盛んに語られた。どんな「大人」にするのか、というわけである。論壇という場でみれば、平和問題談話会が掲げ、『世界』を中心的な舞台にして多くの論者が説いた「非武装中立の日本」が、もっとも有力な「大人」候補だった。

サンフランシスコ講和と日米安保条約によって、現実には、米国に軍事基地を提供し、冷戦下、西側の一員として「大人」になっていく道が選択された。だが、まだ戦争の記憶と戦中の悲惨な体験が生々しく生きていた時期である。「非武装中立の日本」は、「もう一つの国家構想」として生き延びた。これを支えたのは、平等で豊かな社会を築くとされた社会主義である。いまだ貧しさが目に見える時代だった。伝えられる現実の社会主義諸国の躍進ともあいまって、社会主義はなお魅力的な思想だったのである。

サンフランシスコ講和と日米安保条約を結んだとはいえ、その段階で、日本という国が完全に自立した「大人」になったわけではなかった。一九五〇年代半ば以降、経済の着実な発展を背景に、日本を真の「大人」として自立させたいとする願望が強くなってくる。その時期、政権を手にした岸首相は、日米安保条約改定というかたちで「成人式」を挙行することを企図した。

生命を保っていた「もう一つの国家構想」は、対抗すべき明確な相手の出現によって、一見、力を盛り返したかのようにみえた。だが、「六〇年安保」は、結局は「国家構想」の対立としてではなく、「民主主義を守れ」というレベルの闘争として盛り上がった。事後的に考えてみれば、論壇で多数を占めてきた「もう一つの国家構想」は、最終的にこのとき死亡宣告がなされたといえるだろう。

以後、ネーション・ビルディングといった「大きな問題」は、国民にとって遠いものとなる。「成人式」という「通過儀礼」を終えて、晴れて（？）「大人」になった日本という国は、気がつけば、それまでとはちがうものになっていた。間もなく疾走を始める高度経済成長下、論壇の様相も激しく変わっていく。

第七章　高度成長——現実主義の台頭

加藤秀俊「中間文化論」

第六章の最後に、一九五〇年代半ば以降、「戦後」の枠組みが急速に変わりつつあったことを指摘した。そこでは、スターリン批判やハンガリー事件によって「社会主義」の威信が揺らぐ一方、日本社会では高度経済成長による大きな構造変動が始まりつつあったことを述べた。論壇は、こうした変動の兆しとどのように向き合っていたのだろうか。「六〇年安保」の時代から、少し時間を巻き戻してみたい。

雑誌としては『中央公論』の活躍が目立つ。すでにふれたように、福田恆存が「平和論の進め方についての疑問」を書き、一九五四年という早い段階で、『世界』に集う知識人の「平和論」に一石を投じたのも『中央公論』が舞台だった。

「中間文化」という概念で時代の構造変動に切り込んだ加藤秀俊「中間文化論」も、『中央公論』一九五七年三月号に載った（『中間文化』所収）。加藤は一九三〇年生まれ。東京商科大学（現・一橋大学）で南博に学んだ。この論文を発表した当時は、京都大学人文科学研究所助手だった。

加藤は、まず戦後の日本文化を、高級文化中心・大衆文化中心・中間文化中心という三段階に分け、すでに現在は「中間文化の時代」に入っていると指摘する。

高級文化中心の段階は、一九四五年から五〇年ごろまで。この時期の文化を象徴するのは「高級総合雑誌ジャーナリズム」である。第二期の「大衆文化の時代」は、一九五〇年から五五年まで。この時代を象徴するのは、「火焔ビンと『平凡』」だという。

『平凡』は一九四五年一二月に創刊された娯楽雑誌である。一九五〇年代に入って、急速に部数が拡大した。類似の雑誌に『明星』があった。ともに、映画スターや人気歌手たちの話題を載せて、大衆的な人気があった。「火焔ビン」は、日本共産党の武装闘争路線を象徴する。つまり、この時期、日本人は少数の過激派と大衆娯楽を享受する残りの大多数の人々に二極分解した、と加藤はいう。

そして、一九五六年以降の第三期が「中間文化の時代」。「中間文化」は、「高級文化」と「大衆文化」の中間的形態ということである。「週刊誌」が、この時期を象徴する。週刊誌は、戦前からの『週刊朝日』『サンデー毎日』に加えて、一九五六年二月、初の出版社による週刊誌として『週刊新潮』(新潮社)が創刊され、五九年、『週刊現代』(講談社)と『週刊文春』(文藝春秋)などが続いた。

第一期を象徴する「総合雑誌」の正面きった、まじめな議論にはついていけないが、さりとて、『平凡』的な大衆娯楽には満足しない。政治的関心も適度にあるが、持続的ではない。週刊誌が一週間ごとに新たな話題を提供するのと同じように、その関心は移り変わる。その意味では、関心というより関心と無関心の中間ともいうべき、好奇心が、この場合ふさわしい用語である。加藤は、そんなふうに「中間文化」を位置づけた。

「中間文化」の担い手は、教育の均一化とマスコミュニケーションが生み出した新しい「中間層」である。いまや都市のサラリーマンだけが「中間層」なのではない。農民や労働者の間にも「中間文化」は広がっている、と加藤は述べる。

「もはや「戦後」ではない」

中野好夫「もはや「戦後」ではない」は、『文藝春秋』一九五六年二月号に載った。加藤の「中間文化論」が世に出るほぼ一年前のことである。「もはや「戦後」ではない」という言葉は、一九五六年七月に発表された「経済白書」で使われ、後に時代を示すキーワードになる。

時期的には中野論文が半年近く早いのだが、中野が思想や精神のあり方として「戦後」意識の脱却を説いていたのに対し、「経済白書」は当然、もっぱら経済の問題として、この言葉を使った。次は、「第一部総論」の「結語」の部分である。

戦後日本経済の回復の速さには誠に万人の意表外にでるものがあった。それは日本国民の勤勉な努力によって培われ、世界情勢の好都合な発展によって育まれた。……貧乏な日本のこと故、世界の他の国々にくらべれば、消費や投資の潜在需要はまだ高いかもしれないが、戦後の一時期にくらべればその欲望の熾烈さは明かに減少した。もはや「戦後」ではない。

「経済白書」を執筆したのは、経済企画庁調査課長の後藤誉之助である。東京大学工学部を卒業して一九四一年、電気庁に入り、戦後、経済企画庁の前身、経済安定本部に移った。「経済白書」は一九四七年に「経済実相報告書」として最初に出された。執筆者は、都留重人だった。後藤は一九五二年度版から、五五年度版をのぞいて五八年度版まで、六回の「経済白書」を執筆した。

「もはや「戦後」ではない」というフレーズは、その後の時の流れの中で、後藤の意図を超えて一人歩きしたといえるかもしれない。前年一九五五年に産業全体の生産指数が戦前期の最高水準を突破した。戦後復興を遂げた日本経済は今後これまでのような急激な成長は望めない、と後藤は考えたのである。

しかし、戦後の飢餓と欠乏と混乱の時代を抜け出した人々には、この言葉は未来を象徴する言葉に受けとられ、実際、経済は後藤の予測をはるかに超えて高度成長を続けたのだった。一九五六年の経済成長率は一〇パーセント。この後も景気の循環によって不況期はあったものの、一九七三年一〇月に第一次石油危機が起こり、戦後初めてマイナス成長となるまで、平均一〇パーセントに及ぶ驚異的な経済成長率が持続したのである。

加藤秀俊「中間文化論」は、いま読み返せば、その分析はかなり表層的に思える。経済の動向についても直接語っていない。だが、高度経済成長が実現する社会の予兆を、的確にとらえていたことも確かである。敗戦直後の貧困を脱し、「豊かさ」に向かってテイク・オフしていた日本社会では、旧来のマルクス主義的階級分析は、通用しなくなっていた。そのことを包括的な社会理論として提示したのは、松下圭一だった。

「大衆社会」をめぐる論争

松下圭一の「大衆社会の成立とその問題性」(『現代政治の条件』、『戦後政治の歴史と思想』

所収）は、岩波書店が刊行している『思想』（一九五六年一一月号）に載った。『思想』は、『世界』のような総合雑誌ではなく、社会科学・人文科学系の学術論文が載るかなり専門性の高い雑誌である。しかし、反響は大きかった。この論文をきっかけに、多くの論者が加わった大衆社会論争が繰り広げられた。ここでも『中央公論』が主要な舞台となった。

松下は、丸山眞男門下の政治学者。一九二九年生まれ。加藤秀俊が「中間文化論」を発表したときと同様、このとき、まだ二十代だった。

「大衆社会の成立とその問題性」で、松下は、資本主義が産業資本主義段階から独占資本主義段階に高度化することによって社会形態が変化し、〈階級〉が〈大衆〉化したと指摘する。失うべき何ものも持たなかった労働者階級は、いまや、〈大衆〉として体制の内部に組み込まれた。資本主義国家も「市民国家」から「大衆国家」へと形態が変化したというのである。

いま、この論文を読むと、いささか古色蒼然たる感は否めない。松下が基本的にマルクス主義の用語によって理論を展開しているせいだろう。しかし、そうした用語法を抜き去ってみれば、一九三〇年代の欧米社会を対象とした松下の分析は、同時代およびその後の日本社会の変容を、ほぼ射程に収めていたように思える。

マルクス主義の陣営は、この松下論文に強く反発した。彼らにとって、「階級」こそが社会理論の根幹にある概念なのだから、当然といえば当然だっただろう。『中央公論』一九五七年六月号に芝田進午が、「「大衆社会」理論への疑問——マルクス主義学徒から」を寄稿した。芝田の批判の骨子は「それら（大衆社会論）はマルクスの階級闘争理論を否定し、現代社会を無力で無定形な「大衆」の社会、あるいはおなじことだが、全能の権力をもつ「エリート」の社会とみなす」というところにあった。

これに応じたのが、松下の「日本における大衆社会論の意義——芝田氏その他の批判に答える」（『中央公論』五七年八月号）である。松下は、翌年三月号の『中央公論』にも「マルクス主義理論の二十世紀的転換——大衆ナショナリズムと政治の論理」（『現代政治の条件』所収）を書く。

松下は、芝田ら批判者たちが設定した「大衆社会論対マルクス主義」という枠組みをまず否定する。八月号の論文では、「大衆社会は……独占段階における普遍的な問題なのである」と強調し、次のように述べている。

マルクス主義も「大衆」化現象を理論化しなければならないかぎり、マルクス主義対大衆社会論ではなくて、マルクス主義からする大衆社会状況の理論化と、その他の立場による大衆社会状況の理論化が対置されるべきなのである。

この時期、松下にとって、マルクス主義なるものがまだ大きな存在だったことがうかがえる。しかし、松下の期待に応えるマルクス主義側からの応答はなかった。

「大衆天皇制論」

大衆社会論に関連して、もう一つ、松下圭一の仕事にふれておく。「大衆天皇制論」（『中央公論』一九五九年四月号、『戦後政治の歴史と思想』所収）である。

皇太子と「平民」（当時は、こういう言葉が使われた）出身の正田美智子との婚約が発表されたのは、この論文が書かれる前年一一月二七日だった。「ミッチー」の愛称を持つ美しい婚約者は、たちまち国民的アイドルとなり、ミッチーブームが起きた。

松下は、大衆社会状況の中で、「皇室は大衆によって敬愛されるスターの聖家族になった」という。「いまや天皇制は、大衆天皇制へと転進しながら、「大衆」の歓呼のなかから、あたらしいエネルギーを吸収しつつある」というわけだ。

「平民」との「恋愛結婚」というマスコミが作り出した物語は、大衆社会状況の論理として「皇室」をも平準化するものだっただろう。だが、大衆は、その上で「スター」という聖なる地位に皇室を祭りあげた。

「平民」との「恋愛結婚」という物語によって、皇太子は、「戦後民主主義——新憲法の象徴」ともなった。「皇室と大衆との「民主的結合」の最後の仕上げが皇太子の結婚となるはずである」と松下は指摘している。

松下の論文が載った『中央公論』が発売されて一ヵ月ほど後、一九五九年四月一〇日、「ご成婚パレード」が馬車で行われた。皇居から渋谷の東宮仮御所まで沿道は五十三万人の人波で埋まった。テレビ各社が総力をあげて中継した。NHK、民放合わせて百台以上のカメラが使われた。NHKテレビの受信契約は前年の約百万台から急増し、パレードの一週間前には二百万台に達したという。テレビを通じてパレードを見た人は千五百万人といわれる。

それは、松下のいう「大衆天皇制」が、その姿をはっきりと人々に見せつけた空前のメディア・イベントだった。津田左右吉の論文に吉野源三郎が困惑したころ、あるいは、天皇制の精神構造を明らかにした丸山眞男の論文が多くの人に衝撃を与えたころ、そんな日々から、日本人はもう遠く離れた場所まで来ていた。

翌年は、「六〇年安保」の年である。この時期の論壇については、すでにふれた。退陣した岸信介の後には、一九六〇年七月、池田勇人が首相となった。池田内閣は一二月、所得倍増計画を閣議決定した。こうして、日本は、政治の季節から、いわば経済の季節へと移っていく。

そんな時期、論壇は大きな事件を経験する。

テロリズムの恐怖

一九六一年二月一日夜、東京都新宿区市ヶ谷の中央公論社社長・嶋中鵬二の自宅で、家事手伝いの女性が刺殺され、嶋中の夫人が重傷を負う事件があった。犯人は十七歳の右翼少年で、翌日、自首して逮捕された。少年が狙ったのは嶋中本人だったが、嶋中は自宅近くまで車で来ていたものの、思い立って大日本印刷の工場に車を回し、難を逃れた。

前年一二月号の『中央公論』に深沢七郎「風流夢譚」が載った。夢の中で革命が起き、天皇一家が処刑される短編小説である。「皇太子殿下の首はスッテンコロコロと音がして、ずーッと向うまで転がっていった」といった描写もあって、宮内庁が皇室に対する名誉毀損として問題化する動きをみせ、右翼団体も激しい糾弾をしていた。

六〇年一〇月一二日には、東京・日比谷公会堂で社会党委員長・浅沼稲次郎が、やはり十七歳の右翼少年に刺殺される事件が起きていた。出版社の社長を狙った犯行に「言論の自由を守れ」という声が出版界をはじめ各界で起こったのは当然だった。

『世界』六一年四月号は、「言論の自由と民主主義」を特集した。日高六郎「言論を護るもの侵すもの」は、事件の後、被害者である嶋中が中央公論社社長名で「お詫び」を出さざるを得なかった状況にふれて、次のように述べている。

右翼の行動の背後を考えるとき、それを過小評価することはできないとしても、しかしむしろそこにあるのは恐怖感の拡大再生産であった。恐れなければならないのは、現実の右翼の恐怖よりも、むしろそれに対する恐怖感、もっと端的には、現実にそれほどひろがっていない恐怖感がすべての人をとらえているかのように信じこむ幻覚だったと言ってよい。

テロリズムの持つ恐ろしさの本質を的確に指摘したものといっていいだろう。

嶋中事件が起きる前後のことについては、当時、『中央公論』編集部員だった中村智子の『「風流夢譚事件」以後——編集者の自分史』などにくわしい。私自身、一九九五年に嶋中鵬二にインタビューしたことがある（内容は、毎日新聞社編『岩波書店と文藝春秋』所収）。「私自身は命拾いして……」と苦渋の表情を見せながらも、嶋中は率直に当時のことを語ってくれた。おそらく、事件についての嶋中の言葉が、まとまって活字になった唯一のものだろう。嶋中自身、長くこの事件について公に語ることを避けていたようだった。

日高論文も指摘していた社長として個人名で出した「お詫び」についても聞いた。この「お詫び」は、『中央公論』六一年三月号に掲載された。

「風流夢譚」が「掲載に不適当な作品であったにもかかわらず、私の監督不行届きのため公刊され、皇室ならびに一般読者に多大な御迷惑をおかけしたことを深くお詫び致します」とし、さらに「殺傷事件まで惹き起し、世間をお騒がせしたことを更に深くお詫び申し上げます」という「お詫び」を重ねた内容だった。

当時、「言論の自由」をうたった中央公論社の「ご挨拶」（事件四日後の二月五日、毎日新聞朝刊などに掲載）と矛盾すると批判された。私の質問に、嶋中は、次のように答えた。

私の「お詫び」は事件以前に右翼の抗議団に対して行っていた約束への回答でした。事件が起きて事情が変わったのだから、あんな「お詫び」を出す必要がないという意見もありました。しかし、私は実名を使った、ああした小説はやはり重大な名誉毀損にかかわるものであって、作家としての深沢さんの立場はともかくとして掲載してしまった責任はあると考えていたのです。

「言論の自由」をうたった中央公論社の「ご挨拶」は、暴力によって「言論の自由」を封殺しようとする行為に対して向けたもので、自身の「お詫び」は、それ以前の問題というわけだ。むろん、暴力は許し難い。だが、あの作品に関して右翼が抗議してきた、そのこと自体には理由があったということである。

「風流夢譚」の作品としての評価は別にして、嶋中の説明に私も納得する。だが、事件の後、嶋中と中央公論社に、日高の指摘した「恐怖感の拡大再生産」があったことも否定できないように思える。

『思想の科学』の「天皇制特集号」廃棄事件

雑誌『思想の科学』については、すでに簡単にふれた。一九五六年二月にいったん休刊したが、一九五九年一月からは中央公論社が版元になって、再刊された（第四次）。

六二年一月号は、嶋中事件一周年になる二月一日を前に、「天皇制」の特集だった。藤田省三・掛川トミ子の対談「現段階の天皇制問題（上）」、福田歓一「20世紀における君主制の運命」、鶴見良行「戦後天皇制の存在と意味」、野間宏「クーデターと天皇制軍隊」、葦《あし》津珍彦《うずひこ》「国民統合の象徴」などの論文が掲載されていた。

六一年一二月、この「天皇制特集号」を中央公論社が「業務上の都合」を理由に発売中止にし、雑誌そのものを廃棄処分にしてしまったのである。廃棄処分にする前に、中央公論社が、この特集号を公安調査庁職員らに見せていたことも明らかになった。

思想の科学研究会は声明を発表し、「国家権力と出版社首脳とが恰もなれあっているかの如き印象を与え、そのことから批判の自由に対する社会的タブー意識を強めた」と中央公論社を強く批判した。

思想の科学研究会は、一九六二年三月、有限会社思想の科学社を設立し、『思想の科学』の自主刊行に踏み切る。初代の社長には、久野収が就任した。廃棄された六二年一月号の『思想の科学』は四月、復刊第一号として、そのまま刊行された。中央公論社に対する批判は広がり、抗議の意思を表明するために、思想の科学研究会のメンバーはもとより、同社への執筆拒否を宣言する著述家が相次いだ。

自社が刊行していた雑誌に載った「天皇制」にかかわる小説が原因で、右翼少年が社長宅を襲い、社長その人はからくも難を逃れたものの、死者が出て、社長夫人が重傷を負った。たしかに中央公論社にとって事件の衝撃は大きかったにちがいない。だが、ここに簡単に振り返った「天皇制特集号」廃棄事件は、やはり日高のいう「恐怖感の拡大再生産」の結果といわざるを得ない。「天皇制」は危ない——そういう恐怖感が、出版人としての倫理を踏みはずさせてしまった。『中央公論』は、具体的な執筆拒否という以上に、この出来事によって大きなダメージを受けた。

タブーなき言論は、論壇誌の拠って立つ重要な基盤である。『中央公論』は、自らの行為によってタブーを作り出してしまった。

予測を超えた高度成長

嶋中事件とその後の「『思想の科学』天皇制特集号」廃棄事件は、論壇の場としての『中央公論』を大きく様変わりさせ、「現実主義」路線が台頭した——戦後思想あるいは論壇の流れに関するこうした記述をよくみかける。いや、私自身、何度もそのような意味のことを書いてきた覚えがあるから、他人事ではない。

たしかに、現象としては当たっている部分はあるし、テロリズムのもたらした影響も少なくなかっただろう。だが、ことはそれほど単純ではなかったのではないか。今回、本書を書く中で、そう考えるようになった。一言でいえば、一九六〇年代に入って、いわゆる「現実主義」的なものの見方が論壇に登場するには、十分な経済的根拠、社会的根拠があったのである。

「六〇年安保」の後、池田政権が誕生し、所得倍増計画がスタートしたことまでは、すでに述べた。所得倍増計画そのものは岸政権のもとで立案されていたが、大蔵官僚出身の池田は「経済のことは池田におまかせください」と国民に語りかけ、計画を実行に移した。

所得倍増計画とは、十年間に国民所得を二倍にするというものである。池田は、このほかに完全雇用の達成、社会資本の充実、経済の二重構造の解消などを政策目標に掲げた。「月給を二倍にします」という所得倍増計画は、まことに分かりやすく、国民にアピールした。

一九五〇年代半ば以降の日本経済の成長については、「もはや「戦後」ではない」というフレーズにふれてすでに述べた。ここでは、少し「数字」をあげておこう。

池田とその経済ブレーンである下村治らは、所得倍増を実現するには毎年、名目で七・二パーセントの経済成長率があればいいと計算していた。一九五五年から六〇年までの実質経済成長率の平均は、八・七パーセントだったから、これは十分可能な数字であると考えたのである。ところが、一九六〇年から六五年までの五年間、実質経済成長率の平均は、九・七パーセントだった。池田らの机上計算をはるかに上回ったのである。

後に『昭和史』などで高度成長を振り返ることになる経済学者・中村隆英《たかふさ》が、「いまつづいている変化を十年前、いや五年前に見通すことのできたエコノミストはほとんどいなかったといっていい」と書いたのは、一九六八年のことである（「高度成長の再考察」、『世界』五月号）。

高度成長は、一九七三年の第一次石油危機まで続いた。五〇年代後半の「神武景気」から始まって、「岩戸景気」「いざなぎ景気」といった言葉が踊った。言葉が踊っただけではない。日本が経済的に豊かになったことはまぎれもない事実である。

高度成長の期間を、いま一九五五年から一九七三年の十八年間と考えると、この間に国民総生産（GNP）は、名目で十三倍、実質で五倍になった。一九六八年には、日本のG

NPは西ドイツを抜き、資本主義諸国の中で米国に次ぐ二番目の経済大国になった。

貿易自由化も着々と進んだ。一九五五年、日本市場の自由化率は一六パーセントに過ぎなかった。一九六三年には九〇パーセントに達した。翌年には、経済協力開発機構（OECD）にも加盟する。日本は、援助される側から発展途上国に援助する側になった。

この間の日本社会の変化をもっとも雄弁に語るのは、産業構造の変化だろう。一九五〇年、産業別就業者人口の四八・八パーセントを、農業・漁業・林業などの第一次産業が占めていた。一九七〇年、第一次産業就業者は九・一パーセントに激減した。第一次産業の大半は農業である。この激変は、つまりは農業の著しい衰退だった。

農業を離れた人々は都市に移り住んだ。高度成長期、日本の都市化は著しく進んだ。その中心にあったのは、いうまでもなく東京である。東京では一九六四年に開催されたオリンピックを機会に都市改造が急速に進んだ。

高度成長が公害など深刻な社会問題を引き起こしたことはまちがいないとしても、日本経済のパイが急速に大きくなり、一人一人の配分も相応には増えたこともまた確かだった。日本は、この時期、画一的な大衆が作り出す大衆社会へとまちがいなく大変貌した。

高坂正堯のデビュー

一九六〇年代の論壇における「現実主義」の台頭は、こうした歴史の大きな流れの中に位置づけることができるだろう。

相対的に豊かになった家庭には、家庭電化製品などの耐久消費財が増えていった。白黒テレビ、電気洗濯機、電気冷蔵庫が、家庭電化の「三種の神器」といわれた。とりわけテレビの普及率は急速に高くなった。評論家・大宅壮一が週刊誌のコラムに書いた文章の一節から「一億総白痴化」が流行語となるなど、テレビを「低俗なもの」とする知識人の批判は強かった。だが、大衆社会のメディアとしてのテレビが大きな影響力を発揮していく現実に、そうした批判は太刀打ちできなかった。

政治のレベルでも、六〇年代前半は不思議な安定の中にあった。「六〇年安保」のあと、一九六〇年一一月二〇日に行われた第二十九回衆議院議員総選挙で、自民党は二百九十六の議席を得た（無所属当選者を追加公認して、三百議席）。一方、社会党は大幅に議席を減らし、百四十五議席。池田内閣の掲げる所得倍増政策に対抗しうる政策を用意できないままだった。

生活はそれなりに豊かになった。日米安保の下、西側の一員として発展する日本は、動かしがたい現実であった。非武装中立・軍事基地撤廃の主張は、むろん理想として語ることはできたとしても、いまここにある現実に対抗しうる力は失われつつあった。戦争が終わって十数年の時が過ぎ、戦争体験の風化も進んだ。

国際政治のパワー・ポリティックスの中で、いかによりましな道を選択するのか。国家体制の選択といった「大きな問題」ではなく、こうした問いかけが多くの人々に共感を得るようになっていったのは、ある意味で当然だっただろう。

このような時代状況の中で、高坂正堯《まさたか》「現実主義者の平和論」（『海洋国家日本の構想』所収）が、『中央公論』一九六三年一月号の巻頭に載った。二年間留学していたハーバード大学から帰ったばかりの高坂は当時、二十九歳の京都大学助教授。論壇に新風を吹き込む、さっそうたるデビューであった。

高坂に注目して『中央公論』への寄稿を依頼したのは、当時、同誌の編集次長（後、編集長）だった粕谷一希だった。粕谷には、本書のプロローグに登場してもらった。粕谷は著書『作家が死ぬと時代が変わる』で、高坂との出会いについて記している。

旧知の蠟山道雄（蠟山政道の長男で国際政治学者）から、ある日、「高坂正顕の息子が国際文化会館に泊まっている。興味があったら会ってみろ、おもしろいぞ」という電話を受ける。高坂正顕は京都学派の哲学者で、戦後、戦争協力者として京都大学を追われた人物である。

粕谷は「高坂正顕の息子であれば、戦後民主主義を簡単に信じていないだろう」と俄然興味を持ったという。早速会いに行くと、高坂は語り口に独特のものがあって、人を惹きつける魅力があった。ハーバードに留学中、客員教授として招かれていた丸山眞男と毎晩のように議論したが、意見があわなかった、という話を聞く。

粕谷は「丸山さんに多大な影響を受けたが、この頃になると、彼の急進主義にはついていけなくなっていた」と書いている。丸山の「急進主義」というのはよく分からないが、それはともかくとして、粕谷は、高坂に「丸山さんとの違和感を書いて欲しい」と注文した。これが、「現実主義者の平和論」として日の目をみる。

「権力政治」の現実

粕谷がねらった線とちがって、高坂の論文は直接、丸山眞男を批判したものではなかった。「論敵」にされているのは、加藤周一と坂本義和だった。坂本は、すでに紹介したように、「中立日本の防衛構想」などで注目された国際政治学者。高坂とは同じ専門領域だけに、二人はこの後、理想主義の坂本、現実主義の高坂として、しばしば対立的に取り上げられることになる。

「坂本（義和）氏によって代表される理想主義者の議論」は、「権力政治への理解が不十分」であるというのが、この論文における高坂の基本的な立場だった。

高坂は、核戦争になれば日本の防衛は不可能であるという坂本の指摘は正しいが、だからといって「すべての武装が無意味であるという結論を導きはしない」という。起こりうる戦争は、坂本が考える「核兵器による全面戦争もしくは戦術核兵器を用いた局地戦争」だけではないというわけだ。この論点は、平和問題談話会の二度目の声明や丸山眞男らが執筆した「三たび平和について」以来の非武装中立論者の基本的認識への批判といってい い。

さらに、日米安保条約が極東の勢力均衡を作り出し、平和の維持に貢献しているという事実を見ようとしないことが批判される。勢力均衡論は、現実主義者・高坂の拠って立つ重要な基盤である。

とはいえ、高坂は、「理想主義」を全面的に否定するわけではない。その理念としての価値は十分に認める。

中立論が日本の外交論議にもっとも寄与しうる点は、外交における理念の重要性を強調し、それによって、価値の問題を国際政治に導入したことにあると思う。……日本が追究すべき価値が憲法九条に規定された絶対平和のそれであることは疑いない。私は、憲法九条の非武装事項を価値の次元で受けとめる。

しかし、それはあくまでも「価値の次元」なのである。高坂は、最後には理想主義者を、次のように批判する。

問題は、いかにわれわれが軍備なき絶対平和を欲しようとも、そこにすぐ到達することはできないということである。……手段と目的との間の生き生きとした会話の欠如こそ、理想主義者の最大の欠陥ではないだろうか。

この論壇デビュー以降、高坂は次々に『中央公論』に論文を寄せた。特に一九六四年は、「宰相吉田茂論」（二月号）、「海洋国家日本の構想」（八月号）、「国際政治の多元化と日本

——核の挑戦にどう応えるか」（一一月号）と、力作を三回も寄稿している。

永井陽之助『平和の代償』

高坂正堯とともに論壇における「現実主義」の台頭を担ったのは、永井陽之助である。高坂より少し遅れて論壇にデビューする。その舞台はやはり『中央公論』だった。永井は一九二四年生まれ。高坂より十年年長である。当時、北海道大学助教授。六六年に東京工業大学に移った。

デビュー作は一九六五年五月号に載った「米国の戦争観と毛沢東の挑戦」。続いて、翌年三月号に「日本外交における拘束と選択」を寄稿した。さらに、同年七月号には「国家目標としての安全と独立」が載る。この三論文は、一九六七年、『平和の代償』として刊行される。『平和の代償』という書名そのものが、「平和」を至上の価値として語る論者たちへの痛烈な批判だった。高坂と同じように、永井も勢力均衡論の立場から、日本の現実的な選択肢として、当面、日米安保条約の堅持を主張する。

だが、永井の議論は、「現実主義」という言葉から連想するような（そして、実際そのようなかたちの批判がされたような）現実追随ではなかった。永井にとって、日米安保体制にしても米ソ冷戦体制にしても、変えていくべき対象として捉えられている。

たとえば、「日本外交における拘束と選択」では、自主外交の基礎は、「自主＝核武装という方向ではなく、むしろ、米国に対して、政治的に信頼感と安定感を与える方向にある」と指摘し、外交努力によって、「米ソ間の緊張緩和につとめ、その緩和のテンポに応じて、日米安保体制を次第に有事駐留の方向へかえていくこと」が求められている。

高坂にしても永井にしても、現実を見据えつつ、変革の方向を語っていた。これに対して、二人に批判された「理想主義者」たちは、どうだったのか。「現実主義」を標榜する論者たちの挑戦を正面から受け止めることができないまま、懐メロを歌っていただけ、といったら、言葉が過ぎるだろうか。

高坂を論壇にデビューさせ、永井の多くの論文を『中央公論』に掲載した粕谷一希が、興味深いエピソードを語っている（『作家が死ぬと時代が変わる』）。

デビュー論文も含めて、高坂は坂本義和を論敵に何度か論文を書いていた。「ぜひ坂本と話がしたい」と高坂にいわれた粕谷は、坂本の担当編集者を通じて二人の対談を申し込んだが、坂本に拒まれた。粕谷は「記事にしないから、二人で会わないか」とトーンを落として持ちかけた。坂本は、『中央公論』が介在するのは嫌だという。結局、高坂が「私が東大に伺えばよろしいですか」と提案して、ようやく、二人の会合が実現した。当日、高坂は一人で坂本の研究室を訪ね、粕谷は夕方から中央公論社で待っていた。帰ってきた高坂は「残念ですね。話が全然かみ合わない」と感想を述べた。

高度成長の進展という時代の根底的な変化の中で、戦後論壇をリードしてきた非武装中立の平和主義は有効性を失い、論壇誌のチャンピオンだった『世界』も急速にその座から転げ落ちていった。

第八章　『朝日ジャーナル』の時代——ベトナム戦争・大学騒乱

ベトナム戦争の拡大とべ平連

日本が高度成長をひた走っていたころ、ベトナムではいつ果てるか展望のない戦争が続いていた。

いまや、「ベトナム戦争」と聞いても、まったくピンとこない人が多いだろうから、一九六五年ごろまでの経過を略述しておこう。

ベトナムは日本が降伏して間もない一九四五年九月二日、ベトナム独立同盟会（ベトミン）を率いるホー・チ・ミンが独立を宣言した。翌年一月、ホー・チ・ミンを大統領にしたベトナム民主共和国（北ベトナム）が成立した。しかし、日本に代わって再びベトナムを支配していたフランスは独立を認めず、一二月、第一次インドシナ戦争が始まる。

五四年五月、ディエンビエンフーで決定的に敗北したフランスは和平方針に転じ、七月、ジュネーブ協定が結ばれた。北緯十七度線を暫定的軍事境界線とし、北を民主共和国、南をバオダイ・ベトナム国が統治し、三年後に統一選挙が行われることになっていた。

中国では四九年に共産党政権が誕生し、着々と力を強めていた。ベトナムが共産化した場合、東南アジア全域が共産化のおそれがあるとする「ドミノ理論」のもと、米国は、ジュネーブ協定直後に南ベトナムのサイゴン（現・ホー・チ・ミン市）に樹立されたベトナム共和国（南ベトナム）初代大統領ゴ・ジン・ジェムを援助し、南北分断の恒久化をはかった。結局、統一選挙は行われないままだった。

六〇年一二月、ゴ政権打倒を目指す南ベトナム解放民族戦線が結成され、第二次インドシナ戦争（ベトナム戦争）が始まった。六三年、ゴ政権はクーデタで倒れたが、腐敗した南ベトナム政権では政変が続き、米国の軍事介入はエスカレートする。六五年二月には、十七度線以北の爆撃（北爆）が本格的に始まる。この時期、ベトナムの米軍は二万三千五百人だったが、一二月には十八万一千人に増強された。

ベトナム戦争が次第に「米国の戦争」としての様相を強めてくるとともに、日本国内での関心も高まってきた。事実、ベトナム戦争は日本にとって「よそごと」ではなくなっていた。

米軍は朝鮮戦争のときと同様、さまざまな資材を日本で調達した。この「ベトナム特需」によって、日本の外貨収入は増え、関連企業も潤った。国内の米軍基地が補給、休養の場となったのはむろんのこと、沖縄からは連日、北爆に向かうB52が飛び立った。連日、ニュースは北爆の映像を流していた。

こうした状況の中で、「ベトナムに平和を！」市民・文化団体連合（後、「ベトナムに平和を！」市民連合＝べ平連）が誕生する。一九六五年四月二四日、東京都千代田区の清水谷公園に約千五百人が集まって、米国大使館までデモ行進をした。これが、べ平連の旗揚げだった。鶴見俊輔に誘われた小田実は、この日の集会のために、次のような「呼びかけ」を書き、後に代表となる。

言いたいことは、ただ一つです――「ベトナムに平和を！」

……アジアの地のこの一角、東京で、私たちは今この声をあげる。この声は小さいかも知れない。しかし、こだまはこだまをよんで、世界に、すみやかに、着実にひろがって行く。たとえばアメリカに、中国に、もちろんベトナムに。そしてその声は、私たちの政府を、動かすだろう。

……私たちは集まり、集会をひらき、歩く。私たちは、ベトナムについて、おのおの言いたいことをもっている。それを声にだして言おう。思い思いのプラカードを立てて、それを全世界に示そう。二時から四時までの二時間、清水谷公園からアメリカ大使館まえをへて、土橋まで……日本の一角、ベトナムの所在するアジアの一角を、私たちは歩く。「私たち」というのは、つまり、この文章を読むあなたのことです。

来て下さい。一人一人。ベトナムに心をはせる日本人の一人として、人類の一人として、声をあげて下さい。


集会の呼びかけ人は、小田のほか、作家の開高健、高橋和巳ら二十一人。小田が書いた「呼びかけ」は、ベ平連が、「六〇年安保」でみられた「声なき声の会」など、新しいかたちの組織を受け継ぐものだったことを語っている。しかも、そこには「日米安保体制」も「非武装中立」も「護憲」もない。あるのは「ベトナムに平和を！」だけなのだ。

デモもユニークだった。白い風船や花束を手に道行く人たちに、「ふつうの市民として参加してください」と呼びかけた。「ふつうの市民」が、この運動のキーワードだった。二人以上の人間が集まって「ベ平連」を名乗れば、それが「組織」の誕生だった。全国各地の大学、職場、地域に次々にベ平連ができた。一九六九年にはその数は百四十を超えた。

ベ平連の運動やその思想については、多くの著書・文献がある。ここでは、論壇とのかかわりという視点から、小田実を取り上げる。

小田実の「新しさ」

小田実は、この年三十三歳。東京大学大学院修士課程在籍中の一九五八年、フルブライト留学生としてハーバード大学大学院に留学する。専攻は西洋古典学（古代ギリシア哲学）だった。高校時代から小説を書き、一九五六年には大作『わが人生の時』を刊行している。しかし、小田が広く知られるようになったのは、『何でも見てやろう』（一九六一年）だったろう。米国留学とその帰途、「一日一ドル」で世界各地を貧乏旅行した体験記である。若い感性が共感を呼び、ベストセラーになった。

べ平連の代表になったとき、小田は、革新政党とも社会運動とも直接関係がなかった。『何でも見てやろう』の後、予備校の英語教師をしながら、いくつかの小説と評論集を出していたとはいえ、大学教員でもなかった。「六〇年安保」も経験していなかった。

むろん、論壇的にまったく「無名」だったというわけではない。一九六一年八月号の『世界』に載った「座談会・他国を見て考える」に、桑原武夫、開高健とともに出席している。その後、新しい世代の代表のようなかたちで憲法問題の特集（六二年六月号）にも登場する。復刊した『展望』の一九六四年一二月号に、「「難死」の思想——戦後民主主義・今日の状況と問題」も載った。

ものを書く人、という点では、小田も旧来の知識人と同じといっていい。だが、べ平連の代表として、小田は、何よりも「ベトナムに平和を！」を唯一のスローガンに掲げて活動している人だった。べ平連は、「ふつうの市民」の自発的な意思によって連帯する組織だった。小田は「代表」ということになっていたが、本来的に「組織の指導者」というわけではなかった。

『ハンガリー事件と日本』の著者・小島亮は、一九五六年から五七年の時期の論壇にふれて、「日本論壇最後の英雄時代」という興味深い表現をしている。テレビ放送は始まっていたが、活字メディアの力はまだまだ大きかった。「(『世界』『中央公論』といった）総合雑誌の知的権威は抜きんでた地位を保ち、主として旧帝国大学出身の知的エリートによって構成される「論壇」も輝きを失っていなかった」というのである。そこにみられたのは、前衛党モデルの知識形態そのもので、「エリートが大衆に託宣を下す」構造があった、とも指摘されている。

小田もまた、「旧帝国大学出身の知的エリート」だったことは論をまたない。その意味で彼も立派に（？）「論壇」の構成員になる資格を持っていた。べ平連代表として活躍し始めるとともに、『展望』に多く寄稿し、七〇年代に入ると、『世界』にもたびたび登場する。後でふれる朝日新聞社の週刊誌『朝日ジャーナル』も言論活動の舞台の一つになる。

だが、小田の言論活動は、「ふつうの市民」として「ベトナムに平和を!」と叫ぶことと一体だった。むろん、ベ平連の運動が広がり、小田の発言や総合雑誌に寄稿した論文が注目されるとともに、小田は現実には「ふつうの市民」ではなくなる(もとより「ふつうの市民」が『世界』や『展望』に論文を書くことはできないのだが)。ベ平連の運動にしても、実際には彼の行動力とアイディア、そしてリーダーシップが発揮された面が多かったにちがいない。

だが、この時期の小田の言論活動に「エリートが大衆に託宣を下す」構造がなかったことは明らかである。小田実には、戦後日本の論壇で活躍してきた人々とはちがう「新しさ」があった。それが人々を惹きつけた。

「個」へのこだわり

小田実のこうした「新しさ」は、ベトナム戦争へのかかわり方にもはっきり現れている。

小田は「旧帝国大学出身の知的エリート」ではあったが、国際政治的にベトナム戦争を分析したり、世界の大勢を読み取って、「ベトナムに平和を!」と叫んだわけではなかった。

一九四五年八月一四日の大阪空襲で逃げまわった体験からつむぎだした「難死」の思想が、小田の核にあった。

小田は、武器を持って戦うこともなく、「大東亜共栄圏」の理念との結びつきも得ることもなく、ただ空襲の火焔の中を逃げ回った果ての死を「難死」と名づけた。それは英雄的な死として賛美される「散華」の対極にある。「難死」は、あらゆる抽象化や意味づけを拒否する。小田は、この「難死」という概念を基礎にした自身のものの見方、考え方を、「難死」の思想と呼んだ（前掲「「難死」の思想――戦後民主主義・今日の状況と問題」）。「平和をつくる――その原理と行動・ひとつの宣言」（『世界』六六年九月号）では、ベトナム戦争の写真を見たとき、自身の内部で、その「難死」の思想がどのように働くのかについて、次のように述べている。

それが空中からとられた画面いっぱいにひろがる煙の空襲の写真なら、私が直接に想起するのは、かつてそのなかを死物狂いで逃げまわった私自身の姿であり、そのなかに現出された「地獄」のさまなのである。他人事ではないと私は感じ、考える。過去についてだけではなく、現在、未来にわたって他人事ではない、つまり、その煙のなかのヴェトナム人が過去の私であるばかりでなく、現在、未来の私であること、また、その私を私のまわりの人々のなかにいくらでも感じる——そうしたことが私にヴェトナム戦争反対の立場をとらせ、さらに積極的な発言、行動に踏み切らせる。

「難死」の思想、というと、何か深遠に聞こえる。だが、ここで語られているのは、要するに、非戦闘員を巻き込む戦争の悲惨さを自分は体験で知っている、だから、戦争はやめなくてはいけない、ということだ。ベトナム戦争を自分の問題として考える分かりやすい回路だろう。小田の言葉をそのまま使えば、「同情者の視点ではない。わるく言えば、もっとエゴイスチックな、自分に密着した視点」である。

もちろん、小田の議論はここで終わっているわけではない。被害者が実は加害者でもあるという戦争の現実を強調して、過去の平和運動が被害者体験に寄りかかってきた問題点を指摘する。だが、そこでも小田は、個人からの出発を前面に打ち出す。

「平和をつくる」ためには、「国家が自らの国家原理の都合によってつくり出した平和条約、平和機構（その集大成として、国連があるにちがいない）にたよることを止めて、自分の手で、自分の個人原理の上で、そうした条約、機構をかたちづくることだと私は考える」というのである。入り口は「難死」にかかわる個人の体験であり、出口も「個人原理」である。

こうした「個」へのこだわりは、やはり旧来の知識人、とりわけ『世界』に多く寄稿していた「進歩的文化人」にはみられないものだった。

べ平連から全共闘へ

べ平連は、その後、脱走米兵の支援など、さまざまな活動を展開した。前述のように、一九六九年には各地に「〇〇べ平連」が百四十以上も存在した。大学では、既成の学生運動にはなじめないものの、社会的問題意識は強いという学生たちの受け皿が「べ平連」になるケースも多かった。そして、大学騒乱の時代に入り、各地の大学に全共闘が生まれる。

もちろん、個々の事例は別にして、「組織」としてのべ平連と全共闘とは直接的なつながりはない。そもそも、べ平連も全共闘も、そうした直接的なつながりが生まれるような「組織」ではなかった。だが、「個」に立脚する集団として、全共闘はまぎれもなく、べ平連的なネットワーク作りを受け継ぐものだった。

もっとも全共闘と一言でいってみても、では全共闘とは、何なのか、ということになると、答えはそれほど簡単ではない。「全共闘の思想」や全共闘についての思想史的な考察は、本書の任ではない。ここでも、論壇とのかかわりという視点から、全共闘が登場した大学騒乱の時代を取り上げる。

とはいえ、大学騒乱の時代と全共闘について、最低限、説明しておくことが必要だろう。一九六六年に大学に入り、まさに大学騒乱の時代に学生生活を送った私と同世代の読者は別にして、ベトナム戦争と同じように、全共闘と聞いてもピンとこないだろう。

大学騒乱の時代の象徴は、日本大学と東京大学における紛争だった。一九六八年四月、国税庁が、日大に二十億円の使途不明金があることを発表した。これが、日大紛争の始まりだった。五月には、日大全学共闘会議が結成された。東大では、医学部の登録医制度をめぐる紛争の中で起きた学生処分をきっかけに、闘争が全学に広がり、同年七月、東大全学共闘会議が結成された。

日大全共闘は、使途不明金の発覚を機に、それまでの権威主義的な学生管理の民主化を求めて結成された。東大では学生の不当処分（その学生は処分の対象となった事件の現場にいなかった）が発端だった。医学部当局は、この処分を撤回せず、医学部学生らは安田講堂を占拠した。大学側は機動隊を導入して学生を排除した。これに抗議する学生集会の中から、処分撤回など七項目の要求を掲げて、全共闘は生まれた。

日大にしても東大にしても、目の前に起きている具体的な問題の解決を闘争の課題として全共闘は生まれたのである。メンバーシップがあったわけでもなければ、縦割りの組織があったわけでもない。それまでの学生運動は自治会が単位だった。自治会はクラスごとの代議員の選出や委員長の選挙など、形式的には民主的手続きによって運営されていた。だが、実質的には各党派が牛耳っていた。

党派（セクト）との関係という点では、それぞれの全共闘の状況はさまざまだったが、いずれも自治会に基礎を置く既成の運動とは別のかたちで生まれたことはまちがいない。ノンセクト・ラジカルという、当時よく使われた言葉が、それを象徴している。

全共闘は、瞬く間に全国の大学に広がった。学費値上げ反対や学生会館の管理運営問題など、「入り口」は多様だったが、学生によるストライキ、校舎のバリケード封鎖、大学による機動隊導入というパターンは類似していた。一九六九年には当時の国公私立大学の八割にあたる百六十五大学に全共闘が生まれた。

具体的な問題の解決を闘争の課題としていたとはいえ、その具体的問題はいずれも「大学のあり方」に深くかかわるものだった。したがって、全共闘の闘いは、必然的に「大学のあり方」を問うかたちになった。しかも、「個」を基礎にした集団であることによって、全共闘の闘いは、同時にそうした「大学」における「個」としての自己の存在のあり方を問うものになっていった。それは、ついには「自己否定」という境域にまで至った。

『朝日ジャーナル』の時代

大学騒乱の時代が、一九六九年一月、東大・安田講堂の〝落城〟を経て、終息に向かっていった経過は、類書にゆずる。論壇に目を向けよう。

といっても、実は大学騒乱と論壇とはそもそもミスマッチなのである。全共闘が批判した「大学」は論壇と切っても切れないつながりがあった。総合雑誌などにものを書き、論壇という場を形づくっている人々のかなりの部分は、大学の教師たちだった。全共闘の闘いは、その意味では既成の論壇を批判するものでもあった。

本書をここまで読み進めた読者は、ここで、既成論壇を象徴するものとして『世界』をあげることに異論はないだろう。そこでは「旧帝国大学出身の知的エリート」たちが活躍してきた。ついには「東大解体」を掲げることになった大学騒乱の時代の旗手たちが、『世界』から遠かったのは当然だろう。

この時期、こうした時代の旗手たちが登場し、全共闘の闘いに寄り添うような誌面展開をしたのは『朝日ジャーナル』だった。敗戦直後の〈「総合雑誌」の時代〉に創刊され、その時代を生き延びて「総合雑誌のチャンピオン」になった『世界』は、講和問題から「六〇年安保」まで、戦後の論壇史に〈『世界』の時代〉を現出させた。『世界』が時代の動きを捉えることができなくなった後、大学騒乱の時代に『世界』に代わって『朝日ジャーナル』が多くの読者を得た。この短い時期を、〈『朝日ジャーナル』の時代〉と呼ぶことができるだろう。

『朝日ジャーナル』は、一九五九年三月に創刊された。表紙に「報道・解説・評論」をうたった地味な週刊誌だった。それが、六〇年代後半には約二十七万部の部数を獲得するようになった。当時、「右手に『朝日ジャーナル』、左手に『少年マガジン』」というのが、かっこいい大学生だった。このフレーズの由来は分からないが、私自身、この時代の学生だったものとして、たしかに使われていたことは証言できる。『少年マガジン』は講談社刊行の漫画週刊誌。連載されていた「あしたのジョー」が人気だった。高森朝雄（梶原一騎）の原作に、ちばてつやが絵を描いたボクシング漫画である。一九六八年一月一日号から一九七三年五月一三日号まで続いた。

全共闘に寄り添って

東大全共闘の議長は、山本義隆だった。当時、大学院博士課程に在籍し、素粒子論の研究者として将来を嘱望されていた。もっとも、ふつうの組織の代表者と、かなり違う。

東大全共闘には正規の議決機関はなかったが、各クラスや科類ごとに作られていた闘争委員会の代表が集まる代表者会議があった。「その会議は党派の代表者も出席していて、けっこうルーズなものだった。その司会をしていたのが山本義隆で、いつの間にか代表ということになり、世間では東大全共闘議長というふうに呼びならわされることになる」と小阪修平が書いている（『思想としての全共闘世代』）。

『朝日ジャーナル』に、山本は何度か登場している。山本は安田講堂の封鎖が解除された後、いくつかの容疑で指名手配される。『朝日ジャーナル』に最初に山本の論考が載ったのは、一九六九年三月二日号の「攻撃的知性の復権——一研究者としての発言」だった。冒頭、山本は、次のように書いている。

いま、東大闘争はこれからなのだという実感がいよいよ深まっていくのに、さまざまな罪名で公安から追及されて最前線へ出られないことにいらだちをおぼえる。町々にこれほど私服の目が光っていることをいままで気づかずにいた。

六月二九日号と七月六日号には、山本と滝沢克己との往復書簡が載った。滝沢はカール・バルトの研究で知られる九州大学教授だった。山本は、滝沢の著書を愛読していたという。滝沢は「絶対不服従」の立場から、九大闘争でハン・ストに入ることを表明していた。

山本はこの後、九月五日に東京・日比谷野外音楽堂で開かれた全国全共闘連合結成大会（山本は、議長として、基調報告をすることになっていた）に出席する直前、逮捕される。『朝日ジャーナル』九月二八日号には、再び「学園の反乱から七〇年へ」と題した山本の長い文章が掲載された。

つまり『朝日ジャーナル』は逃走中の山本とコンタクトを取り、彼の論文や書簡を誌面に掲載したのである。「学園の反乱から七〇年へ」は、編集部の注記によると、学生運動のプロパガンダ映画『地下からのアピール 山本義隆』のために、「山本君が潜伏中に吹込んだナレーションのテープを編集部が入手、文章化したもの」という。

当時の『朝日ジャーナル』の〝雰囲気〟を知ってもらうために、次に、山本の「学園の反乱から七〇年へ」が掲載された九月二八日号の「前文」を引いてみたい。

九月五日に結成された全国全共闘連合についての評価はさまざまである。……それは、この新しい〝組織〟が、その中に幾多の矛盾を抱えながらも、なおかつその結成に、必然性があったからであろう。そしてこの新しい〝組織〟が、すでにヤマ場にさしかかった70年安保闘争の、最も先鋭な担い手になることが自明ないま、わたしたちは、この組織について、さらに認識を深めねばなるまい。……そのために編集部は、前号に引き続いて全国全共闘を扱う。前号の「評論」とは逆に、全共闘の二人の代表、山本義隆・秋田明大両君の発言をまとめた素材提供の形で。

ここに記されているように、山本の論文のほか、倉田令二朗（九州大学助教授）の「秋田明大君のこと」という文章も載っている。

「前号に引き続いて」とあるように、前号（九月二一日号）は、評論家・中島誠らが執筆した「全国全共闘の虚像と実像」と題した大特集である。「虚像と実像」と一見、客観的なタイトルだが、全国全共闘連合の結成を「六八、六九年の学園闘争がさまざまな可能性、矛盾をはらみながら進んできた一つの到達点」(前文)と高く評価している。

いま、この時期の『朝日ジャーナル』を通読すると、いささか異様な感じがする。一言でいうと、全共闘に入れ込み、全共闘に寄り添った誌面を見事なまでに展開しているのである。

「造反教官」たち

全共闘運動の大きな特色は、全共闘の問いかけに共感する大学教師たちが現れたことである。彼らは「造反教官」「造反教師」と呼ばれた。全共闘に寄り添った誌面を作っていた『朝日ジャーナル』には、当然、彼らがしばしば登場した。

一九六九年六月一五日号は「造反教師」の特集である。五月二九日に開かれた「大学を告発する・全国大学教員報告集会」を受けたもので、編集部による「はじめに――職と学問を〝賭けた〟人たち」の後、最首悟「自己否定のあとに来るもの」、中岡哲郎「知識人の組織」、新島淳良「5・29に参加して」が載っている。このうち、最首論文は六ページに及ぶ「長編」である。

最首は、当時、東京大学教養学部生物学教室の助手。東大助手共闘会議のリーダーだった。すでに六九年一月二九日号に「玉砕する狂人といわれようと——自己を見つめるノンセクト・ラジカルの立場」を寄稿していた。機動隊導入による安田講堂の封鎖解除直前に寄稿した文章である。最首は、全共闘の運動がそこにかかわる人間に突きつけた問いかけについて、次のように書いている。

「東大の学生であることは何を意味するだろうか」「大学院や助手にとっては研究者とは何を意味するのか」「青医連にとって医者になるとは何を意味するだろうか」

極めて倫理的な問いというべきだろう。「意味」が、ここでのキーワードだった。「造反教官」といわれた人々の中で、この「意味」に立脚して、大学は〈知性の府〉であるべきだ、という視点から、東京大学の「知的退廃」を先鋭に攻撃したのは、折原浩である。東京大学教養学部助教授の社会学者。当時三十三歳の新進のマックス・ウェーバー研究者だった。

折原もまた、『朝日ジャーナル』に「授業再開拒否の倫理と論理」（六九年六月一日号）、

「東大文学部問題の真相——なぜ機動隊導入に抗議したのか」（同年一〇月二六日号）などを寄稿している。後者では、文学部の学生処分をめぐって、大学における教員と学生との差別構造を明らかにし、自らの職業的営為の社会的な意味を問おうとしない文学部教員の知的退廃が指摘されている。

折原は、『朝日ジャーナル』六九年三月三〇日号の「読者から」のページに長文の「福田歓一教授の論文を読んで」という〝投書〟も寄せている。『世界』四月号に載った福田の「東大紛争と大学問題」に反論したものだが、「福田教授における知的頽廃」「福田教授における人間的頽廃」という見出しも入っていて、実質的には一本の論文ほどの分量がある。「本来、『世界』に投稿すべきものであるが、刊行まで一カ月間があくので、本誌の紙上を借りることにした」とある。ちなみに、折原の文章は、この前後を含めて『世界』には一度も載っていない。

折原は、東大紛争のそれぞれの局面で、自身の考えをパンフレットなどで公表していた。それらは、『中央公論』一九六九年四月号に「東京大学の頽廃の淵にて——「専門的経営」と人間の問題」を寄稿した際、「資料」として収録された。次は、前年八月二一日に出された「東京大学の死と再生を求めて——「最終方針告示」批判」の一節である。

かつて「無責任の体系」を鋭利に分析され、「不作為の作為」について語られた、わたくしのもっとも尊敬する教授が、ここにいたってもなお沈黙を守っておられることは、東京大学の頽廃を悲痛に象徴している。

名前こそ記していないが、丸山眞男に対する批判であることは明らかだった。折原は、このパンフレットの半年余り後に書かれた論文の方では、明確に丸山眞男の名前をあげて批判している。教授の監禁に対しては人権問題として敏感に捉えた教授たちが、監禁された学生についてはまったく無反応だったことにふれて、注記して「とくに、丸山真男教授のお考えをうかがいたい」として、次のように書いている。

教授の言動は、教授の人権思想が「教授」という存在の利害状況に拘束された、きわめてパティキュラリスティックなものでしかなかったことを証明しており、したがってそれは、教授が戦後主唱された「利害状況からの個人の自立とそのユニヴァーサリズム」という教授の中心思想の、ほかならぬ教授自身における破産である、と見なさざるをえないからである。

東大紛争の過程で、丸山は学生たちによって三回、糾弾の場に立たされた。研究室を占拠された丸山が「ナチスもファシズムもやらなかった暴挙」と語ったというエピソードもよく知られている。「六〇年安保」の後、丸山は論壇的な場で発言することはなくなっていたとはいえ、なお戦後進歩派の象徴的存在だった。その丸山が糾弾の対象だったというところに、全共闘運動の戦後思想史における位相が読み取れる。

『現代の眼』と羽仁五郎

『朝日ジャーナル』は朝日新聞社から刊行されていたという点でもメジャーな雑誌だったが、この時期、社会的関心を持つ学生に広く読まれた月刊誌として『現代の眼』（現代評論社）をあげておくべきだろう。一九五四年一二月に創刊され、当初は、比較的地味な編集だったが、六〇年代終盤から、全共闘、新左翼系の論者が目立ち、大学紛争を積極的に取り上げていくようになった。

たとえば、一九六九年一月号の特集は、ずばり「大学は蜂起する」である。羽仁五郎が

「表現の自由としての大学問題」を寄稿している。羽仁五郎は、すでに何度か本書に登場した。戦前からの長い研究歴を持つ講座派マルクス主義歴史学者である。一九〇一年生まれだから、このころ七十歳近い。六八年一二月に刊行された『都市の論理』がベストセラーになり、一躍「売れっ子」になった。

『都市の論理』は、ヨーロッパの都市や大学の自治の歴史をたどり、現代の状況に引きつけて「闘争の論理」を導き出した内容である。そのコミューン的思想に、全共闘学生をはじめとした学生たちは共鳴したのだろう。

「表現の自由と占拠の論理」(六九年四月号)をのぞくと、大半は対談や座談会だが、『現代の眼』に、羽仁は実に多く登場している。

時代とずれてしまった『世界』

この時期、『世界』はどんな誌面を作っていたのだろうか。大学騒乱そのものには鋭敏に反応している。スチューデント・パワーという言葉が生まれたように、この時期、学生たちによる既成秩序に対する異議申し立ては、日本だけで起こったことではなかった。

『世界』はいかにもこの雑誌らしく、マルクーゼ「ユートピアの終焉」(一九六八年八月号)

やサルトル「五月革命の思想」(同年九月号)を翻訳掲載するなど、早い時期から、こうした世界的動向に目配りしている。

東大紛争に関しても、六八年九月号に、西村秀夫(当時、東京大学教養学部学生部助教授)の「「東大紛争」の意味」が載った。西村は、管理的発想を排して学生の問いかけに答えるべきだと指摘し、「学問的真実と人間の権威の尊重」という大学の理念の再確認を訴えている。

六九年一月号は「東大問題の核心」の特集である。堀米庸三「収拾ではなく解決を」は、「近代性の基本」である「譲れない立場があるということを認め合って、そこから出発するという態度」が重要だと説く。

さらに、安田講堂の封鎖が解除された後の三月号、四月号でも東大紛争について大きな特集を組む。三月号の巻頭は、大内兵衛「東大を滅ぼしてはならない」である。大内は安田講堂から学生たちが排除されたことを知った感想を「これで入学試験もやれる、これで東大は滅びないと思った。日本の学問はこれで助かると思った」と記している。

本書にも何度も登場した吉野源三郎はすでに編集長を辞めていたが、この号に「山本君に言いたかったこと」を寄稿している。「山本君」は東大全共闘議長の山本義隆のこと。

吉野は、娘の家庭教師として山本と親しかったという。山本が「今日の資本主義体制と、その権力との対決を迫った誠実さを、貴重なもの、ありがたいものとさえ思っている」としながらも、「年長の友人」として、権力を相手にした政治闘争には周到なプログラムがいるのだ、と助言している。

このほかにも、東大紛争については、『世界』には多くの論文や関連資料が載った。だが、大内兵衛の発言がはしなくも明らかにしているように、かつて時代の前線にいたこの雑誌は、すでに時代の動きから大きくずれてしまっていた。三月号、四月号の大特集のタイトルは「試練に立つ大学の自治」である。むろん、「試練」に立っていたのは「大学の自治」ではなく、「大学」そのものだった。

この時期、かつて『世界』の主要読者だった大学生たちが『世界』から離れていったのは十分理由があったと思われる。そこには、彼らにとって、いま、切実な問題を正面から論じた論文は見当たらず、相変わらず「えらい先生」たちのオールド・ファッションの文章が載っていたのである。

サブカル路線実らず

全共闘に寄り添い、「造反教官」にも強く共鳴する誌面を作った『朝日ジャーナル』には、先に引用したように、「この新しい〝組織〟が、すでにヤマ場にさしかかった70年安保闘争の、最も先鋭な担い手になることが自明ないま……」といった調子の高い編集部による記事もあった。だが、『朝日ジャーナル』の期待をよそに、「七〇年安保」は「六〇年安保」のときのような国民的運動が起きることもなく過ぎていった。全共闘は、あたかも全国全共闘連合の結成が、その終焉の儀式だったかのごとく、各党派の草刈場になって、消えていった。

〈『朝日ジャーナル』の時代〉は、〈『世界』の時代〉より短かった。『朝日ジャーナル』はこの時期をピークに次第に部数を減じ、サブカルチャー路線などで挽回を図ったが、退勢は取り戻せず、一九九二年五月二九日号で休刊となった。

終章　「ポスト戦後」の時代――論壇のゆくえ

二つの「戦後」

一九四五年から数えて今年（二〇〇七年）は、六十二年である。「戦後」は六十二年ということになる。

「戦後＝戦争の後」といったときの「戦争」は、いうまでもなく日中戦争・太平洋戦争である。それがもたらしたさまざまなものごとは、いまも日本を規定している。その意味では、「戦後」という歴史把握の有効性は失われていない。とはいえ、六十二年という年月をひとくくりに、「戦後」という同じ言葉でくくることが難しいこともまた明らかである。

第五章で、小熊英二が、『〈民主〉と〈愛国〉』で使った「第一の戦後」という言葉にふれた。小熊によれば、高度成長以前が「第一の戦後」であり、それ以後が「第二の戦後」

ということになる。小熊は、二つの「戦後」の間には、「日本のナショナル・アイデンティティをめぐる議論に、何らかの質的変化があったのではないかという仮説」をもとに、この大著を書いた。

「第一の戦後」では、日本がアジアの「後進国」として、「第二の戦後」では西洋なみの「先進国」として語られた。「近代化」は、「第一の戦後」では、達成すべき夢だった。「第二の戦後」では、忌むべき既成秩序になった。秩序の安定度という点でも、二つの「戦後」には、大きな違いがあった。「第一の戦後」にあっては、既成の秩序が破壊され、将来は見えなかった。「第二の戦後」では、経済的豊かさを達成して、社会は急速に安定度を増していった。

小熊は、こうしたことを指摘して、二つの「戦後」では、「同じ言葉が異なる響きを持っていた」と述べる。たとえば、「国家」という言葉。小熊は、次のように書いている。

「第一の戦後」とは、秩序が安定しておらず、「現実は変えられる」という言葉がリアルに響いた時代だった。そうだとすれば、この時代において、秩序の一形態である「国家」という言葉は、どのように響いていたのだろうか？　それは、人間を圧しつぶす所与の体制としてではなく、変革が可能な「現実」の一部として語られた局面が、部分的にせよあったのではないか？

論壇は、言葉が語られる場である。本書は、「国家」という言葉の語られ方を含め、小熊のいう二つの「戦後」の違いに部分的ではあるが、光を当てることになったはずだ。だが、繰り返していうと、「戦後」は、すでに六十二年である。本書の記述は、前章でようやく一九七〇年に到達したところである。まだ、半分にも至らない。小熊の〈二つの「戦後」論〉に示唆されつつ、『論壇の戦後史』を、ひとまずここで打ち切る「根拠」ともいうべきものを記しておきたい。

「ポスト戦後」という視点

高度成長が、時代を区切る大きな画期だったことには異論がない。しかし、論壇という視点から考えたとき、高度成長期を含めた時期を大きく「戦後」と捉え、その後の時代を「ポスト戦後」と把握することができるように思う。

一九四五年から五五年まで、小熊のいう「第一の戦後」の期間の前期、論壇は、敗戦後の「新しい日本」をどのような国として立ち上げるのか、つまりネーション・ビルディングをめぐって、活性化した。非武装中立の国家モデルを語る言説が大きな力を持った。そこでは、多かれ少なかれ、社会主義の明るい未来が共有されていた。

一九五一年にサンフランシスコ講和条約と日米安保条約が結ばれて、「新しい日本」のかたちにひとまず、一つの結論が出た。しかし、それはいわば暫定的結論でもあった。日米安保条約の改定をめぐって大衆運動が盛り上がった「六〇年安保」を経て、暫定的結論は、その暫定性を取り払われる。

大衆社会化が急速に進み、冷戦構造がそれなりに安定して続く中、日本は高度成長の時代をひた走る。「六〇年安保」前後から高度成長が終わりに近づいた一九七〇年ごろまでは、長い転形期だったといえるだろう。「戦後」から「ポスト戦後」へと日本がかたちを変えていくまでの転形期である。

ネーション・ビルディングそのものにかかわる「大きな問題」は消えていった。「六〇年安保」の前には、すでに「論壇の英雄時代」も終わっていた。知的エリートが大衆に教えを垂れるという論壇の構造は、大衆社会の進展によって、崩れ去った。知的エリートにとっても、自分たちが立っていた場所が見えにくくなって来た。

たとえば、「戦後」論壇の知的エリートの代表というべき、丸山眞男は、一九五八年九月に行われた座談会で、自らの「精神的スランプ」について語っている（「戦争と同時代・戦後の精神に課せられたもの」、『同時代』第八号、『丸山眞男座談』第二冊）。

……ぼくの精神史は、方法的にはマルクス主義との格闘の歴史だし、対象的には天皇制の精神構造との格闘だったわけで、それが学問をやって行く内面的なエネルギーになっていたように思うんです。ところが、現在実感としてこの二つが何か風化しちゃって、以前ほど手ごたえがなくなったんだ……対決していた当の相手が少くともぼくの視野の中でフニャフニャになったため、こっちも何かガッカリして気がぬけちゃった。

マルクス主義との方法的格闘は措くとして、「天皇制の精神構造との格闘」が重要である。ここで語られていることは、この翌年、松下圭一が「大衆天皇制」で明らかにしたことと直接つながっているだろう。戦前型の天皇制に代わって定着しつつある大衆社会の下の大衆天皇制は、丸山の「敵」ではなかった。少なくとも「敵」にしづらい対象だった。

丸山を含め、敗戦後、「新しい日本」を語ってきた言説は、「古い日本」の根幹に天皇制を見ていた。分かりやすくいうと、「新しい日本」を語る言説は、「気をつけないと戦前型の天皇制が復活して「古い日本」に戻ってしまうぞ」という部分を含んでいた。ところが、もうそんな天皇制は復活しないことが見えてきた。つまり、「対決していた当の相手が……フニャフニャになった」のである。

長い転形期の後

長い転形期の最後に起きた「大学騒乱」は、まさに転形期にふさわしい出来事だっただろう。戦前期はもとより小熊のいう「第一の戦後」にあっても、大学進学者は同世代の少数派だった。「知的エリート」の予備軍だったといっていい。

「大学騒乱」の時代、全共闘をはじめとして既成の秩序に反抗した多くの学生は、戦後のベビーブームのときに生まれた団塊の世代だった。この時期、大学進学率は急上昇したわけではないが、大学生人口は目に見えて増えていった。新規学卒就業者の学歴別割合の推移を見ると、一九五六～六〇年の平均は、中学卒六二・四パーセント、高校卒三〇・四パーセント、大学・短大卒七・二パーセントだった。これが、七〇年には、中学卒二三パーセント、高校卒五六・三パーセント、大学・短大卒二〇・七パーセントに変わる。

これらのデータを引いて、教育社会学者・竹内洋は、大衆団交で教授をつるし上げた学生たちの心情を推測している。彼らは、「おれたちは学歴エリート文化など無縁のただのサラリーマンになるのに、大学教授たちよ、おまえらは講壇でのうのうと特権的な言説をたれている」といいたかったのではないか、というのである（『丸山眞男の時代』）。

東京大学の助手や大学院生の場合は別にして、全国の多くの大学で、全共闘ないしは全共闘的なものに惹かれた学生たちは、「学歴エリート」と「大卒グレーカラー」ないしは「ただのサラリーマン」との間の転形期にいたのである。

さて、長い転形期が終わって、「ポスト戦後」の時代が始まった。むろん、大きな論議を巻き起こした出来事がなかったわけではない。

これも転形期の終わりの時期に重なるが、中国で文化大革命の嵐が吹き荒れ、日本の論壇でも、そこにソ連型社会主義に代わる「新しい夢」を見た人々がいた。

七〇年代には、沖縄が返還され、成田空港建設をめぐって、「大学騒乱」の時代を引きずる激しい闘争があった。連合赤軍が、リンチ殺人事件という無残な結末を残して消えた。日中の国交が正常化され、その主役だった田中角栄が金脈事件で退任に追い込まれ、ロッキード事件で逮捕された。

八〇年代には「昭和」が終焉し、ベルリンの壁が崩壊した。九〇年代には、東西ドイツが統一され、ソ連が崩壊し、世界は冷戦というタガがはずれた。日本でも、細川政権が誕生して、政治は激しく流動化した。

ポスト冷戦の時代、米国の一極支配体制が進み、湾岸戦争があり、九・一一のテロが起き、アフガン戦争、イラク戦争と戦火が続いた。

「日米同盟」の下、日本はついには自衛隊の海外派遣にまで至った。憲法第九条は、当然、新しい争点の中にある。核をちらつかせる北朝鮮との間には拉致問題という未解決の事件がある。

こうして、大きな出来事をピックアップしただけでも、陳腐ないい方だが、世界の激動は続いている。だが、論壇という視点からみたとき、たとえば、どんな論者がいて、どんな論文を書いたのか、ということを考えてみても、残念ながら思い浮かばない。

論壇のゆくえ

「悔恨共同体」、それも知識人だけではなく、広範な人々にも共有されていた心情が、本書の出発点だった。そこでは、「新しい日本」のあり方が問われた。その問いをめぐって「戦後」社会に特有のかたちで、知識人と社会的関心を持つ人々との間の交流の場が形成された。それが、「戦後」論壇なるものにほかならない。本書はその一端に光を当てたものである。「戦後」論壇は、「戦後」という特異な時間が生み出したものだった。その意味で、〈『世界』の時代〉はもとより、〈『朝日ジャーナル』の時代〉も遠い昔語りに過ぎない。

だが、「戦後」が作り出した国家が、さまざまな面で深刻な制度疲労を起こしていることはまちがいない。高度成長を経て、「経済大国」になった日本が、国際社会で重要な役割を果たさなければならないこともたしかだろう。「戦後」の日本が直面した新しいネーション・ビルディングにかかわる問題とは質が違うけれど、やはりここにも「大きな問題」はいくつもある。しかも、あれかこれかの単純な「解」がない問題ばかりなのだ。

「戦後」の終焉とともに「戦後」論壇が消滅したのは当然だった。大衆社会、さらには高度大衆社会とも高度情報社会とも呼ばれる時代、「活字」はかつての特権的な地位を失ってもいる。

だが、繰り返していえば、論じるべき、考えるべき「問題」はたくさんある。いま、どういった議論を、どういったかたちですれば、実りが得られるのか。「戦後」論壇の経験を振り返ることは、私たちが歩いてきた道を見直すということ以外に、今後のあるべき論壇のかたちを考えるためにも無駄ではないはずだ。

補章　戦後「保守系・右派系雑誌」の系譜と現在

＊『論座』（朝日新聞社、二〇〇六年三月号）に、このタイトルで寄稿したものである。本文でふれる機会がなかった「戦後」論壇のある部分を対象に、現在の論壇状況にもいくぶん言及している。その点で本文を補う意味がないわけではない。少し短くして、ここに収録する。「雑誌」を主軸に書いている点で、本文とトーンが少し違う。また、本文と重複するところがある。この点は、ご寛容いただきたい。

『世界』に載らないような言論が載る雑誌

戦後日本の論壇をある時期までリードしたのは雑誌『世界』（岩波書店）だった。一九四五年末（翌年一月号）に創刊された同誌は、講和問題、平和問題などに積極的に取り組み、「戦後民主主義」的言論の舞台となった。そこでは、「進歩的知識人」と呼ばれる人々が多く活躍した。本稿の対象である「保守系・右派系雑誌」について、戦後のある時期までなら、〈『世界』に載らないような言論が載る雑誌〉と理解すれば手っ取り早かったかもしれない。

だが、実のところ、戦後の「保守系・右派系雑誌」のルーツの一つは、ほかならぬ、その『世界』にある、と言ったら、いささか奇矯に聞こえるだろうか。

『世界』創刊には同心会という文化人グループが深くかかわっていた。同心会は敗戦に前後する時期、岩波書店の岩波茂雄の人脈を中心に安倍能成、和辻哲郎、谷川徹三、志賀直哉、武者小路実篤、山本有三、長与善郎、田中耕太郎、石橋湛山、小泉信三、鈴木大拙、柳宗悦らによって結成された。

同心会の面々は敗戦後間もなく、新しい状況に対応する総合雑誌を発刊すべく、岩波に相談した。これがそのまま『世界』創刊につながった。だが、岩波茂雄は同心会メンバーを『世界』を支える強力な寄稿家陣とは考えていたものの、『世界』を同心会の「会誌」にするつもりはなかった。間もなく、同心会と岩波側の食い違いが明らかになり、同心会は『世界』を離れ、一九四八年七月、『心』を創刊する。同心会はその後、同人を広げ、生成会と名前を変える。『心』一九四九年新年号には「生成会心編輯同人」として、五十人が名前を連ねている。旧・同心会以来の和辻、田中、長与、武者小路、鈴木、小泉らに加えて、津田左右吉、柳田國男らの名前がある。

『心』は平凡社を版元にして刊行が続けられ、一九八一年八月、第三十四巻七月・八月合併号をもって終刊した。「六〇年安保」の折には、「安保改訂をめぐって」（六〇年五月号）や「日本に於ける民主主義」（六〇年一〇月号）といった座談会を組んだりしている。「論壇」にかかわる個別的な寄稿も少なくない。もっとも作家や画家の同人が多く、この雑誌を「論壇誌」と呼ぶことはできないだろう（かなり高踏的な「文化誌」といったところか）。

だが、『心』創刊につながった同心会と『世界』との〝決別〟は、戦後論壇史の座標軸を考えるとき、示唆的である。

同心会メンバーはいずれも当時すでにそれぞれの世界で「大看板」となっていた人々である。大内兵衛を例外に彼らは「自由主義」の立場に立ち、戦後の知的世界において力を発揮していたマルクス主義に対する強い違和感を共有していた。「オールド・リベラリスト」という呼称が、そうした履歴と思想的立場から生まれた。

オールド・リベラリストの受け皿

オールド・リベラリストと『世界』との〝決別〟をめぐるエピソードとして、有名な

「津田論文」事件にふれておこう。

津田左右吉は岩波書店刊行の『神代史の研究』など三冊が皇室の尊厳を傷つけたとして一九四〇年、岩波茂雄とともに出版法違反に問われ、有罪となった（後に免訴）。吉野源三郎は『世界』創刊が決まると同時に津田に寄稿を依頼した。津田論文は、前半が「日本歴史の研究に於ける科学的態度」（四六年三月号）、後半が「建国の事情と万世一系の思想」（四六年四月号）として『世界』に載った。問題は後者だった。津田は「われらの天皇」への熱っぽい親愛の情を吐露し、天皇制護持論を展開していた。

『世界』編集部員の中から「掲載中止」を求める声が出た。結局、吉野が津田論文掲載号に掲載に至る経過を記した長文の文章を発表するという異例の事態になった。

戦後初期の「革新ムード」を今に伝える挿話だろう。同時に、「戦後民主主義」的言論が、どういったものを排除することによって成立したかを教えてくれる出来事でもある。「排除したもの」は、一言でいえば、「反マルクス主義ないしは非マルクス主義的なるもの」といえるだろう。思想・理論の領域に加え、現実政治では、それは社会主義勢力（国内的には日本共産党、社会党、国際的にはソ連、中国その他の社会主義諸国）への「反ないしは非」である。

津田は同心会創立メンバーではないが、後に生成会に加わり、『心』に精力的に寄稿している。「「建国紀年の日」を設けたい」（四九年七月号）といったマルクス主義歴史学者が目をむいて怒りそうな文章など、一九五八年までにその数は実に二十一本に及ぶ（筆名「つだそうきち」）。津田の独自の文化史学の立場は「マルクス主義」的歴史観と相容れなかった。津田は吉野の肝いりで結成された平和問題談話会に当初は加わっていたが、間もなく退会する。小泉信三、鈴木大拙、田中美知太郎、田中耕太郎らも同様である。

こうしたオールド・リベラリストの言論の一つの受け皿が『心』だった。「論壇」的テーマでは、同心会創立メンバーの小泉信三が活躍する。小泉は『心』に「共産主義と人間の尊重」（五一年一月号）、「共産主義とソ連国家主義」（五二年五月号）、「平和論」（五一年六月号）、「スターリン批判問題」（五六年九月号）などを寄稿している。

オールド・リベラリストと〝決別〟した『世界』では若い世代が台頭する。問題の津田論文が掲載された翌月号（四六年五月号）に「超国家主義の論理と心理」を書いて鮮烈に登場した丸山眞男が、その代表である。丸山は『世界』五〇年九月号には「ある自由主義者への手紙」を発表している。この論文は進歩派の立場から、論壇的座標軸を明快に語ったものとして興味深い。

丸山は自身に向けられた「共産主義に対してもっと決然と闘わない事」への不満に対して、日本社会の現状では共産党を権力で弾圧し、弱化する方向こそ「実質的に全体主義化の危険を包蔵する」と応じる。丸山にとって当時、喫緊の課題は、戦前・戦中の全体主義復活を阻み、日本に民主主義を定着させることだった。丸山の「反・反共主義」の立場である（水谷三公『丸山眞男』）。オールド・リベラリストの立場との対比は明らかだろう。

相対化が得意な『文藝春秋』

さて、『心』は先にも指摘したように「論壇誌」とは呼びがたい。では、「思想・理論としてのマルクス主義・現実政治における国内外の社会主義勢力」への「反ないしは非」を鮮明にした「論壇誌」はなかったのか。雑誌全体としてそうしたトーンを打ち出していたものは「商業誌」レベルでは見当たらない。ある時期までの戦後論壇における「革新」の強さを改めて痛感する。

ただし、個別の論者によるこの種の論稿がなかったわけではない。総合雑誌の老舗『文藝春秋』が舞台となるケースが多かった。

たとえば、小泉信三「平和論――切に平和を願うものとして」（五二年一月号）。「全面講和論」で埋め尽くされた感があった『世界』の前年一〇月号「講和問題特集号」を批判して、サンフランシスコ講和条約と日米安保条約を擁護した内容である。この小泉論文に対して『世界』三月号で都留重人らが反論し、さらに小泉が『世界』五月号でこれに応えるなど、いわゆる「平和論争」が起きた。

「戦後民主主義」的な理念が鮮明だった『世界』に対し、『文藝春秋』は常に現実を見据え、融通無碍に状況を相対化してみせるのが「得意」だった。「理念―現実」という対比も本稿のテーマに重なる座標軸だろう。

次に比較的注目されることのなかった「論壇誌」として、『自由』にふれたい。一九五九年一二月創刊の月刊誌である（当初、至誠堂刊。後、自由社刊）。この雑誌は、戦後論壇史における「革新」全盛期から今日の状況に至る長い過渡期に位置づけられるはずだ。この雑誌を補助線にすると、戦後論壇の流れがより鮮明になる。

創刊号の巻頭論文は木村健康「保守と革新」。W・W・ロストウ「経済成長の五つの段階」が翌月号まで上・下二回で載った。マルクス主義の発展段階論に代わる理論を打ち出した「近代化論」の著名論文である。林健太郎「安保論議を解剖する」、関嘉彦「自由の意味と価値」、虎ノ門事件を描いた原敬吾の連載「難波大助の生と死」もスタートしている。

翌新年号の「編集後記」で創刊号に寄せられた「反共」の批判に応答している。「我々編集者が多かれ少なかれ共産主義に批判的であることは事実」だが、それは「正しい事実の認識の上に立つ正しい論理という立場」から共産主義も批判の対象にしているのだという内容である。

編集委員は、河北倫明、木村健康、関嘉彦、竹山道雄、林健太郎、平林たい子、別宮貞雄の七人だった。美術評論家の河北、作曲家の別宮、作家の平林は「論壇」の外の人といっていい。他の人々の生年は、木村（一九〇九年）、関（一九一二年）、竹山（一九〇三年）、林（一九一三年）である。竹山をのぞくと敗戦時にまだ三十代。同心会に集ったオールド・リベラリストたちよりずっと若い。

執筆陣は多岐にわたる。林、竹山ら編集委員が多く寄稿しているのは当然として、戦後保守論壇の重鎮ともいうべき福田恆存がかなりの頻度で登場する。「座談会・現代文学と性表現」（六〇年五月号）は福田自身、特別弁護人として当事者だったチャタレー裁判にかかわるもの。ほかに論文は、「平和か自由か」（六二年二月号）、「平和の理念」（六四年一二月号）、「紀元節談義」（六五年四月号）、「非人間的な、あまりに非人間的な」（六八年三月号）など。座談会・対談も多く、「日本人の意識——民主主義を阻むもの」（六〇年一二月号）、

「討議・現代日本の思想」(六二年一〇月号)、「戦後教育への疑問」(六五年七月～九月号)、「討議・大衆運動と戦後思想」(六五年一二月号)、「現代教育の病理」(六六年八月号)、「日本人の喪失感をめぐって」(七〇年八月号)など。最後にあげたものは、山崎正和との対談である。

保守派の論客、西尾幹二は、この雑誌でデビューした。一九六五年二月号に「新人賞入賞論文」として「私の「戦後」観」が載っている。西尾はこの後、「私の受けた戦後教育」(六五年七月号)のほか、十二回の長期連載「ヨーロッパとの対話」(六七年一二月～六八年一一月号)といった力作評論などを発表している。

歴史家として後に「慰安婦」問題や「南京大虐殺」などについて積極的に発言する秦郁彦もすでに一九六一年に地味な「昭和史研究」の連載で登場している。国際政治の議論に現実主義の立場から新風を吹き込む高坂正堯も「二十世紀の平和の条件」(六三年九月号)、「中国問題とはなにか」(六四年四月号)、「ベトナムをめぐる政治と戦略」(六六年四月号)などを発表している。

ある時期までの『自由』は二百ページ以上もある堂々たる総合雑誌だった。編集委員には『世界』へのひそかな対抗意識があったにちがいない。

「世の中どこか間違っている」

文藝春秋の『諸君』創刊は一九六九年七月号（誌名に「！」はない。『諸君！』となるのは七〇年一月号から）。巻末の「創刊にあたって」で、池島信平社長は「世の中どこか間違っている──事ごとに感じるいまの世相で、その間違っているところを、自由に読者と一緒に考え、納得していこうというのが、新雑誌『諸君』発刊の目的」と記している。「どこか間違っている」「世の中」の大きな部分が、池島にとって「革新」的な言論があふれる「論壇」だっただろう。

巻頭には、福田恆存「利己心のすすめ」と清水幾太郎「戦後史をどう見るか」（後者は、インタビュー）が並んだ。目次をみると、「どこか間違っている」の対象は、まずは当時吹き荒れていた大学紛争と中国の文化大革命らしい。「学生と暴力」「日本の中の中国」という二つの特集が組まれている。

『諸君』は「オピニオン誌」を謳っていた。「論壇」の座標軸的にいえば、国内外の社会主義勢力に厳しく、「反・反共主義」に対する批判的論調が目立つ。とはいえ、横から見たり裏から見たりして何ごとも相対化することが「得意」な『文藝春秋』本誌のDNAは濃厚で、全体に洗練されたつくりである。

たとえば、「学生と暴力」を特集した創刊号では、原田統吉「現代の暴力とは何か」に斎藤茂太「ゲバ学生の精神診断」と立花隆「この果てしなき断絶――三派全学連父と子の記録」が並ぶといった具合だ。

『諸君』に遅れること四年余、産経新聞社が『正論』を創刊したのは一九七三年一〇月。さらにPHP研究所の『VOICE（ボイス）』創刊（一九七七年一二月）が続いた。

『正論』は季刊誌として二号出た後、七四年五月号から月刊化された。産経新聞（当時はサンケイ新聞）は七三年六月から外部筆者による「正論」の掲載を始めた。雑誌『正論』は新聞に載った「正論」の、いわば集刷版として刊行が始まった。創刊号には、会田雄次、猪木正道、衛藤瀋吉、曽野綾子、田中美知太郎、高坂正堯、矢野暢、山崎正和ら二十一人がサンケイ新聞に執筆した「正論」をそのまま掲載している。

この「正論」集刷版としての雑誌『正論』は月刊化の後も続くが、次第に他の論稿や座談会などが多くなり、『正論』は集刷版から独自の「論壇誌」となっていく。

「論壇誌」として〝自立〟していく時期の『正論』が批判の矛先を向けたのは日本共産党だった。意見広告掲載をめぐる同党との対立があったためでもあるが、『正論』の「反共主義」ないし「反〈反・反共主義〉」の立場は鮮明だった。香山健一「「民主連合政府」と言論の自由」（七四年五月号）、勝田吉太郎「主張・共産党の「言論の自由」は偽装」（七四年一〇月号）などが載った。

この鮮明な立場は「社会主義・中国」にも向けられ、包若望「中国版・収容所列島」（七四年五月〜八月号）が「版権独占」と銘打って掲載された。『諸君！』には『文藝春秋』本誌から受け継ぐ斜に構えたスタイルがあったとすれば、『正論』は誌名のごとく「直球」である。しかし、ここには「論壇」あるいは「言論界」の「主流」に真っ向勝負を挑む、ある種の潔さもあった気がする。

「六〇年安保」から小休止を経て六〇年代末の「大学騒乱」へと「政治の季節」が続いた。しかし、その時代が連合赤軍事件（一九七二年）という悲惨な結末に終わった後、気がつくと、日本は「経済大国」の道をひた走っていた。エズラ・ヴォーゲルが『ジャパン・アズ・ナンバーワン』を書いたのは一九七九年のことだった。

この時期以降、日本を「遅れた国」「だめな国」として批判し、「進歩」や「革新」を語る言論が急速に色あせていったように思える。「保守系・右派系雑誌」の長い雌伏（？）の時代が終わろうとしていたのである。そして、これらの雑誌を「論壇」的には非主流にしていた根っこともいうべき共産主義・社会主義の急速な価値下落がやってきた。ベルリンの壁が壊されたのは一九八九年。翌年東西ドイツが統一され、一九九一年にはソ連が崩壊した。

「ふつうの国」の「ふつうの言論」？

こうした中で、『諸君！』『正論』は進歩派批判のテンションを上げていく。〝われらの時代が来た〟とはしゃいでいるわけではないだろうが、近年その傾向はエスカレートしている。

たとえば、かつてある種、洗練されたセンスが光った『諸君！』の日次にはしばしばおどろおどろしい文句が踊る。

「ここまできた大新聞のウスバカ報道」（二〇〇一年九月号）。これは靖国神社についてのもの。「総力特集瀋陽事件――なぜ、発動しない「暴支膺懲」」（〇二年七月号）。こちらには「阿南大使、腹を切れ！　今こそ興起せよ、大和魂――中国の理不尽な主張に立ちすくむ政治・外交――ならば有志よ、国家再生を誓うべく、「靖国」で決起しよう！」とまことに勇ましい説明が続く。「総力特集・牙を剥く中華帝国の暴乱」（〇五年六月号）や「総力特集・傲慢なり、朝日・中国」(〇五年一二月号)も、感情的な表現がきつい。後者の朝日新聞批判には「逃げる気か、朝日!」と題した安倍晋三のインタビューや「朝日流・言論弾圧闇討ちの手口を告発する」という記事もある。表現がどぎつい。

朝日新聞批判は『正論』の方も創刊時からの定番メニューの一つだが、こちらも、石井英夫「NHK圧力報道で宙に浮いた朝日「従軍慰安婦」への妄念」(〇五年三月号)、稲田朋美「冗談でも笑えぬ朝日社説「郵便受けの民主主義」」(同)など、手厳しいタイトルの記事が目立つ。

靖国問題もこれらの雑誌の大きなテーマである。『正論』では「特集・靖国問題を総括する」(一九八六年三月号)が早い時期のものだろう。対談「「靖国」と「戦犯」」で、佐伯彰一、小堀桂一郎が「神道への誤解」「英霊顕彰の場ではなく、慰霊の場」といった議論を展開している。『正論』に載った靖国問題関連の論考は枚挙にいとまないが、その力の入れ方は二〇〇三年八月に刊行された創刊三十年記念臨時増刊号が「靖国と日本人の心」だったことからもうかがえる。

『諸君!』『正論』よりずっと後発の『WiLL』(二〇〇五年一月創刊、ワック・マガジンズ刊)は現在において、おそらく、「これぞ保守系・右派系雑誌」というべき存在だろう。

『諸君!』『正論』などの雑誌の中の「保守系・右派系」の言論、それも売れ筋のものだけを材料に料理すると、こういう雑誌ができるといった感じである。

拉致問題での北朝鮮、靖国問題での中国、「従軍慰安婦」報道や「NHK番組改編」(同誌は「改変」ではなく「改編」を使っている)をめぐる朝日新聞が当面の旬の「食材」である。二〇〇六年四月号では「朝日新聞を裁く!」と題した「総力特集」を組んでいる。「裁く!」という高みに立ったフレーズがすごい。

「論壇」の座標軸は消えてしまった。その意味では、ここで「保守系・右派系」と呼んできた言論はすでにルーツから飛び立って「ふつうの国」の「ふつうの言論」になっただろうか。「ふつう」と呼ぶには、どうにも情緒的にして居丈高すぎる気がするのだが。『心』や『自由』の目次をながめ、「いい時代があったなあ」と思えてしまう。

付論　「ポスト戦後」論壇を考える

西部邁の自死

西部邁の自死を新聞報道で知ったのは、今年（二〇一八年）一月二一日だった。ほそぼそと書き続けているブログに左の一文を載せた。

西部邁氏が多摩川に入水して自死した。

新聞社にいて、学芸部の論壇関係の仕事が長かったから、外部の執筆者として知った方は多い。西部氏はとりわけ強く印象に残っている人である。

最初にお会いしたのは、人事問題から東大教授を辞任する少し前だった。文章の舌鋒の鋭さと違って、いつもにこやかな笑顔をたたえている人だった（もっとも、眼だけは笑っていない、といった感じもあったのだけれども）。

何かの座談会の後、新宿のバーに流れて、口論になったことがある。中身は忘れてしまった。人を挑発するのが得意な人だった。その後、学芸部の現場から離れ、新聞社も退職したから、お会いする機会はなかった。

しかし、ずっと「気になる人」で、著作などに接していた。私は「真理は中庸にあり」という言葉が好きだが、西部氏がどこかで書いていたことの受け売りかもしれない。

「真正保守」を標榜していた。世に阿ることなく、自前の思想を紡いだ人だった。いろいろな状況から生きる力を喪失したのかもしれない。悲しいことだが、一方で「自死」という選択は、この人らしいとも思う。

TOKYO MXテレビで放送している「西部邁ゼミナール」という番組を今回知った。一月二〇日の放送を見る。「ぼくの人生はほとんどムダでありました」が結語。これが最終回になるのか。享年七十八歳。ご冥福を祈る。

（「新・ときたま日記」http://toku1947.blog.fc2.com/blog-entry-376.html）

「人を挑発するのが得意な人」と書いたのは私の認識違いで、西部はいつも本気で怒っていたのである。彼が東大教授を辞職したのは、一九八八年三月である。三月二六日の朝日新聞朝刊は三面でこのニュースを伝えた。見出しは次のような三段。西部の顔写真が付いている。

東大教養学部で人事が紛糾
西部教授、選考に抗議し辞表

東大教養学部社会科学科の城塚登教授の定年退官に伴う後任として同科会は当時、東京外国語大助手だった文化人類学者の中沢新一の推薦を決めた。西部を委員長とする六人の詮衡委員会も全員一致でこれを了承した。中沢の内諾も得ていたにもかかわらず、この人事案は教養学部教授会で否決される。前例のないことだった。教授会で「中沢氏にはアカデミックな業績がない」などの異論が出たためと言われた。

記事の見出しにあるように、西部の辞表提出は直接にはこれに対する抗議だった。しかし、彼の内部にはそれ以前に芽生えていた「東京大学」に対する深い幻滅があったように思う。それがこの「前例のない否決」を機に火を噴いたのだろう。辞表提出は自死がそうであったように、突発的な行動ではなかったはずだ。

ブログに「最初にお会いしたのは、人事問題から東大教授を辞任する少し前だった」と書いたが、今回少し丹念に調べてみると、もっと前のことだと分かった。一九八六年中のいつかではなかったかと思う。当時、毎日新聞夕刊文化欄に「展望」と題する大型の寄稿欄があり、毎月上下二回を数人の筆者に交代で執筆してもらっていた。西部はその一人だった。ある月、「当番」だった西部が新聞社まで原稿を届けてくれた。原稿を受け取り、喫茶店で少し話をした。そのとき、西部が「もういやになってしまいましたよ」とつぶやいた。私は単なるグチとして深く問いただすこともなく聞き流してしまった。だが、後知恵で言えば、それは「東京大学」への違和、あるいはもっと広く「アカデミズム世界」なるもの全体への違和が込められた言葉だったように思う。

西部の辞表提出を伝えた記事には、西部に「保守派の論客」という形容をつけている。西部が最初の単著『ソシオ・エコノミックス――集団の経済行動』(中央公論社)を刊行したのは一九七五年。七〇年代末から八〇年代はじめにかけて、経済専門誌以外の場で論考を発表するようになった。「社会経済学者」から「保守派の論客」に変貌した以後の西部の言論活動は多くの人の知るところだろう。西部の自死後、さまざまな媒体に多くの追悼の文章が載った。「保守派の論客」という形容は、自死を伝えた記事にもあった。しかし、その言論活動は「保守派の論客」といった通り一遍の形容を超えて、多くの人に影響を与えた。

言論についての深い絶望

なぜ、西部は自死という道を選んだのか。平々凡々たる日々を送っている身には、この問いは手に余る。しかも単一の解はない問いだろう。ここでは自死の前後に相次いで刊行された二つの遺著に答えの一つかもしれないものを探っておく。

『保守の遺言――JAP.COM衰滅の状況』(平凡社新書)の「第三章　社会を衰滅に向かわせるマスの妄動」の最後を、西部は「なぜ「言論は虚しい」のか」と題した節で結んでいる。福田恆存が最晩年、雑誌に寄せた文章で「言論は虚しい」と繰り返し述懐していたことが最初に述べられる。

西部の指摘する福田の文章の一つは、「言論は空しい」(『諸君!』一九八〇年六月号)である。そこで、福田は自身の言論を振り返り、「なるほど平和論批判の時、私の為に援護射撃してくれる人は殆ど無く、私は村八分にされた、その頃に較べれば確かに世の中は変り、私の様な考え方は「常識」となったとさえ言える」と書きつつ、それは自分の言論の力とは関係なく、「世の中が変ったので、私の考え方が正しかったという事になっただけの話」と断じている（福田の原文は歴史的仮名遣い）。

西部はこうした福田の述懐を引いた後、次のように書く。

しかし、福田氏の生涯を眺めていえば、彼のいいたかったのはもっと深い意味での言論についての絶望だったのではないだろうか。……彼のいうクリティーク（批評）とは、いわゆる「ナレッジ・オヴ・イグノランス」（無知の知）に焦点が当てられていた。福田の「言論は虚しい」といったのは「おのれの知ることがいかに少ないかを知る」者が、昔も今も極度に少なく、それゆえ自分の言説が歴史的に残るなどということも期待できない、ということだったのではないだろうか。

もう一つの遺著『保守の真髄——老酔狂で語る文明の紊乱』（講談社現代新書）では、西部は「言論の虚しさ」を別のかたちで語っている。あるとき、西部は「初対面の（編集者とおぼしき）若者」から「先生はまだセックスしているんですか」と問いかけられ、「どこのお兄《あにい》さんか名前も存じませんが、それがあなたに何の関係があるんでござんすか」と返す。まことに西部らしい語り口なのだが、この挿話から西部は「日常会話の次元にあってまで、社会・文化の制度が融解しつつある」状況を論じる。

「人々の関係といい人の感情といい、一個のコンプレックス（複合体）であって、けっしてシンプレックス（単体）ではない。その複合体を全体として何とか把握するには人間関係のコンテクスト（文脈）がナチュラル（自然かつ当然）の形で押さえられていなければならない」。メッセージとコード（通達文とそれへの解読法）があればいいというわけではない。「その奥底には人間関係のコンテクストとコンタクト（接触）の構造についての予めの了解がなければならないはずだ」。ところが、現実はどうか。西部は言う。

> 言葉と交換をめぐる「文脈と接触」という基底構造が消失してしまったため、メッセージとコードもまた複雑性や繊細性を失って、単純で無粋なむくつけき言葉のやりとりが広がっているのではないか。そうした文化現象を基礎にして経済や政治においてまで（述者のような古い人間には）フェイクとしか感じとれない人間の言動が次第にその数を増しているようにみえてならない。

西部は、言論に生きてきた者として「無知の知」を知らない輩による「単純で無粋なむくつけき言葉のやりとり」の跋扈に深い絶望を抱いていたと言えるだろう。

「ポスト戦後」論壇という難問

本書の元版（平凡社新書）に西部邁の名前は一度も出てこない。元版は二〇〇七年の刊行だが、叙述は現在から数えれば、半世紀近くも前の一九七〇年で終わっている。先に記したように、西部が「保守派の論客」として論壇に登場したのは一九七〇年代末から八〇年代はじめのことである。元版に西部の名前はないのは当然ではあった。

『論壇の戦後史』をメインの書名にしながら、叙述が一九七〇年以降に至らなかった「根拠」ともいうべきものについては、「終章　「ポスト戦後」の時代——論壇のゆくえ」に少し述べた。そこでは小熊英二が『〈民主〉と〈愛国〉——戦後日本のナショナリズムと公共性』（新曜社、二〇〇二年）で提示した「第一の戦後」と「第二の戦後」に触発されて、私なりに「ポスト戦後」という歴史認識を提示した。

小熊は高度成長以前と以後で日本の戦後を二つに分け、この二つの「戦後」の間には、

「日本のナショナル・アイデンティティをめぐる議論に、何らかの質的変化があったのではないかという仮説」を提示した。私の「ポスト戦後」という認識は、小熊のいう「第一の戦後」こそが「戦後」であり、高度成長期を含む長い転形期を経て、一九七〇年以降は「ポスト戦後」と考えることができるだろうというものだった。「戦後」は、敗戦後の「新しい日本」をどのような国としてたちあげるのか、つまりネーション・ビルディングをめぐる論議が活性化した時代である。それが「戦後」論壇だった。サンフランシスコ講和条約と日米安全保障条約が一九五一年に結ばれ、一九六〇年にはその安保条約が「六〇年安保」の騒乱を経て改定された。この時期にネーション・ビルディングにかかわる「大きな問題」は消え、論壇なるものも変質していったというのが、私のラフな見取り図だった。

西部邁の論壇的な言論活動は、私のいう「ポスト戦後」がすでに十年近くたった時期に始まった。自ら言論雑誌『発言者』を創刊し、多くの著書を刊行した。テレビの討論番組「朝まで生テレビ」の常連だった時期もある。こうした西部の多彩な言論活動を論じる力量は私にはない。ただ、その西部が自死という道を選んだ、少なくとも一つの背景に、言論について深い絶望があったとしたら、それは「ポスト戦後」論壇はどのように成立するのかという難問を私たちに突きつけているのではないか。

〈「論壇の衰退」言説〉をめぐって

本書元版では、論壇について〈国内外の政治や経済の動きなど、さまざまな領域の、広い意味での時事的なテーマについて、専門家が自己の見解を表明する場〉と説明した。今なら、「公共性」やら「公共圏」といった言葉を使って、もう少し気の利いた定義をすることができただろう。だが、これはこれでほぼ過不足のない説明と思っている。

メディア史研究者の大澤聡が、「近年、しばしば論壇の衰退が言われる」というフレーズを取り上げ、〈「論壇の衰退」言説〉は「もはや定型句と化してしまった」と指摘をしている（「「編輯」と「綜合」」、吉田則昭、岡田章子編『雑誌メディアの文化史——変貌する戦後パラダイム』森話社、二〇一二年）。大澤によれば、この種の言説は論壇が成立したとされる大正中期にまでさかのぼることができてしまうという。大澤は「論壇は事の起こりからその存在自体を疑われて続けてきたのである。疑いの言葉の数々によって〝幻想〟が作りあげられてきた。論壇という場がかつて隆盛していたらしいという幻想が」と書く。

たしかに〈「論壇の衰退」言説〉を探し出すのは難しくない。「衰退」どころか「終焉」やら「崩壊」が語られている。たとえば、一九七六年五月三一日読売新聞夕刊の「論壇時評（下）」で、社会学者の見田宗介は、次のように書いている。

先日の論壇時評の集まりで、「論壇の終焉」ということが語られた。『世界』とか『中央公論』の巻頭で学者や評論家が「今こそ国会へ」といった大号令をかけるという六〇年安保までの時代は終わった。時代をひらく思想はむしろ、分散する中小メディアの中にみられる。「論壇」が生活の思想の頭上に「壇」として存在するという虚構が消滅したことは、七〇年代のたしかな獲得物の一つだ。

「崩壊」の事例は、雑誌『現代の眼』一九七九年八月号にある。「論壇の崩壊――80年代状況の混迷の中で」を特集している。メインの企画は、哲学者の山田宗睦と評論家の丸山邦男、松本健一の三人による「なぜ、論壇は崩壊したのか」と題した座談会である。

しかし、論壇は、その性格からして、常に自己言及的な言説の場であることを余儀なくされる。その意味で、〈「論壇の衰退」言説〉がしばしば登場するのは、実のところ論壇の生理ともいえるだろう。それ自体意味があるわけではない、こうした自己言及に翻弄される必要はない。

小島亮が著書『ハンガリー事件と日本』（中公新書、一九八七年）で、一九五六年から五七年の時期の論壇にふれて、「日本論壇最後の英雄時代」という表現を使っていることに、本書元版でふれた。一九五六年には、ソ連共産党大会におけるフルシチョフの「スターリン批判」をめぐる活発な論議があった。五七年には政治学者の松下圭一の論文「大衆国家の成立とその問題性」をきっかけにした「大衆社会論争」が展開された。大澤によれば、こうした言説も幻想ということになるのだろうか。しかし、大澤は、丸山眞男らが活躍した時期にふれて、「仮に丸山らの時代に論壇の黄金時代があったとしても（それは事後的に仮構された理想に過ぎぬと解釈すべきだが）、あくまでも戦後日本のある一定期間の例外的な現象だったと見なすのが自然だろう」とも指摘している。とすると、本書元版は、「一定期間の例外的な現象」の誕生から終焉までを素描したことになるかもしれない。

とまれ、「幻想」という表現は正しくないだろう。しかも、大澤のいう「一定期間の例外的な現象」は「幻想」ではなく、確かな内実を持って存在していたのである。次に、そのささやかな例証にふれよう。

「戦後日本を創った代表論文」の特集

これも本書元版に書いたことだが、雑誌『世界』一九四六年五月号に掲載された丸山眞男「超国家主義の論理と心理」は、『中央公論』一九六四年一〇月号が「戦後日本を創った代表論文」を特集した際に、その一つに選ばれて再録された。高校三年生だった私が、この特集号で丸山の高名な論文に初めて接したことも本書元版に記した。この『中央公論』は書店で購入したことは間違いないのだが、すでに手元にない。図書館で現物を手にした。特別の帯を付して、「歴史的大特集　戦後思想の歴史的発展と明日への展望を示す古典的十八編を一挙掲載！　全知識人におくる！」とうたっている。一九六四年一〇月号だから、本書元版が下限とした時期より少し前である。どのような論文が選ばれていたのだろうか。採録された十八論文は以下の通りである。

「堕落論」　坂口安吾『新潮』一九四六年四月号
「超国家主義の論理と心理」　丸山眞男『世界』一九四六年五月号
「日本社会の家族的構成」川島武宜『中央公論』一九四六年六月号
「第二芸術」　桑原武夫『世界』一九四六年一一月号
「原子党宣言」　渡辺慧『中央公論』一九四八年二月号

「中国の近代と日本の近代」 竹内好『東洋文化講座』第三巻 一九四八年
「近代日本人の発想の諸形式」 伊藤整『思想』一九五三年二月〜三月号
「真実は訴へる」 広津和郎『中央公論』一九五三年一〇月号
「平和論の進め方についての疑問」 福田恆存『中央公論』一九五四年一二月号
「前世代の詩人たち」 吉本隆明『詩学』一九五五年一一月号
「文明の生態史観序説」 梅棹忠夫『中央公論』一九五七年二月号
「自由主義者の試金石」 鶴見俊輔『中央公論』一九五七年六月号
「共産主義のすすめ」 大宅壮一『文藝春秋』一九六〇年一〇月号
「資本主義は変ったか」 都留重人『世界』一九五八年一月〜二月号
「革新勢力の構想力」 佐藤昇『中央公論』一九六〇年一二月号
「「独占資本」と所得再分配政策」 小宮隆太郎『世界』一九六一年三月号
「現実主義者の平和論」 高坂正堯『中央公論』一九六三年一月号
「核時代の日中関係」 坂本義和『世界』一九六三年六月号

私自身、これらの論文が発表された時期にリアルタイムで読んだものは一つもないが、いまこのリストを見て、重厚にしてアクチャルな論文群に圧倒される。十八論文は六十三人から回答があったアンケートをもとに選考座談会を開いて決めたものである。選考座談会の内容も収録されている。出席者は、経済学者の伊東光晴、政治学者の猪木正道、評論家の臼井吉見、文芸評論家の江藤淳、仏文学者の桑原武夫、作家の武田泰淳、教育学者の永井道雄、政治学者の永井陽之助、政治思想史学者の橋川文三、社会学者の綿貫譲治の十人。桑原が進行役を務めている座談会では、出席者が実に楽しそうに論文選びをしている。

先に引いた大澤の論文は、「論壇を語るとき、論者の多くはいつのまにか意図とは別に「昔はよかった」式の俗論に嵌り込んでしまう。だが、ノスタルジーは何も生まない」と書いている。いまここに一九六四年一〇月号の『中央公論』に掲載された「戦後日本を創った代表論文」のリストを紹介したのは、何もノスタルジーからではない（半世紀以上前、いくぶん社会的な関心に目覚め始めたころの高校三年生の自分への懐かしい気持ちがあることは否定しないが）。

この十八論文のリストと、それを嬉々として選ぶ座談会のもようが教えてくれるのは、やはり論壇がたしかに存在し、公共的な諸問題に関心を持つ人々にさまざまな影響を与えていたということだろう。改めて確認しておくと、それがとりもなおさず「戦後」論壇だった。

しかし、いま私たちが生きている時代は「ポスト戦後」である。「ポスト戦後」論壇は「戦後」論壇と同じようには成立しないことは明らかである。では、それはどのように成立するのか。これが、先に西部邁の自死が突きつけた難問である。

消えた論争

まず何よりも「戦後」論壇と「ポスト戦後」論壇では、論壇なるものの構造が変わっていることを指摘しなければならない。先の十八論文の掲載誌は、『中央公論』が八編、続いて『世界』が五編。「代表論文」の過半は、この二誌に載った。いま仮に「代表論文を選ぶ」といった企画があったとしても、このような結果にはならないだろう。

たしかに『中央公論』も『世界』もいまも発行されている。しかし、雑誌の発行部数が「戦後」論壇の時代とは比べるべくもないほど少なくなっている。出版科学研究所の調べでは、電子出版を除く出版物の二〇一七年の市場は一兆三千七百一億円。十三年連続の減少だった。このうち雑誌は前年比一〇・八パーセント減の六千五百四十八億円。ピーク時の一九九七年の半分以下である。しかも毎月の雑誌に掲載される論考は「戦後」論壇の代表論文に比べると、ずっと短い。毎月の総合雑誌を丹念にウオッチしているわけではないが、各月の『中央公論』や『世界』に載った論文で、私自身「読んでおかないといけない」と思うような評価が伝わってくるものは久しくないように思える。

この点で、教育社会学者の竹内洋を中心にしたグループの研究成果をまとめた『日本の論壇雑誌――教養メディアの盛衰』（竹内洋、佐藤卓己、稲垣恭子編、創元社、二〇一四年）が巻末に収録している詳細な『日本の論壇雑誌』関係年表の「主要論争と主要論文」の項目が興味深い事実を教えてくれる。

大衆社会論争が記されている一九五七年以降から一九七〇年までを見ていくと、「論争」として記載されているのは、皇太子婚姻論争（一九五八〜五九年）、転向論争（一九五八〜六二年）、主婦労働の価値をめぐる論争（一九六〇年）、『思想の科学』論争（一九六二年）、中ソ論争をめぐる論争（一九六三年）、「大東亜戦争肯定論」論争（一九六三〜六五年）、創価学会・公明党をめぐる論争（一九六四年）、「危険な思想家」論争（一九六五年）、文化大革命をめぐる論争（一九六六年）、「未来社会論」論争（一九六七年）、明治百年論争（一九六八年）、チェコ事件論争（一九六八年）である。論争の内容にはふれられないが、総合雑誌類に書かれた論文によって多くの論争が展開されていることが、この年表の記述から分かる。

　ところが、一九七一年以降になると論争はめっきり減る。それでも一九九〇年代までは、日本列島改造論争（一九七二年）、英語教育論争（一九七四年）、無条件降伏論争（一九七八年）、核装備論争（一九八〇年）、靖国参拝論争（一九八〇年）、教科書検定問題論争（「進出」書き換え）（一九八二年）、教育の自由化論争（一九八四〜八五年）、自衛隊派遣論争（一九九〇〜九一年）、オウム真理教論争（一九九五年）、南京大虐殺論争（一九九七〜九八年）、従軍慰安婦論争（一九九二〜九八年）などがあがっている。それが、二〇〇〇年代以降は、一九九八年から続いていた中流崩壊論争を最後に年表の「主要論争と主要論文」に登場する「論争」はない。

　これは、どういうことだろうか。繰り返していえば、総合雑誌が論壇的な力を失っていることをまずは指摘しなければならない。「ポスト戦後」の論壇が公共的な議論の場として存在し続けているとしても、その主な「場」は――少なくともかつて「戦後」論壇がそうであってようには――雑誌ではない。

　さらに、論争が消えているということの意味を考えることが重要だろう。さまざまな問題をめぐって、世の中に対立がないわけではないのだから、論争は起きてていいはずだ。

この点で、先ごろ、與那覇潤の示唆的な発言に接した。『中国化した日本』（文藝春秋、二〇一一年）で注目された歴史学者で、その後、双極性障害（躁鬱病）を患い、大学を退職した。その病気体験に重ねて平成という時代を論じた『知性は死なない』（文藝春秋）を二〇一八年に刊行した。與那覇はインタビューに応えて、次のように語っている。

うつになる直前まで、大学と論壇の双方で仕事をしていましたが、どちらでも「言葉」が軽んじられていく雰囲気を感じていました。たとえば右派の論壇誌は拉致問題以降、左派なら原発事故以降、言語で読者を説得せずとも「世間では最初から、私と同じ意見が大勢である。それが当然だ」という物言いが広まっていきましたよね。

（毎日新聞二〇一八年五月二八日朝刊）

與那覇の指摘する物言いが広まるところには、対立はあっても言語による論争は起きようもない。そうした物言いはまた、得てして先に引いた西部の言う「単純で無粋なむくつけき言葉のやりとり」に陥ってしまうのではないか。

ネット社会の言論

先に紹介した『日本の論壇雑誌』関係年表から「論争」が消える二〇〇〇年代以降は、インターネットが急速に人々に身近になった時期である。現在では、携帯電話＋写真撮影機能を持った超小型コンピューター（スマートフォン、スマホ）が広く普及している。先に引いたインタビューでの「「言葉」が軽んじられていく雰囲気」という指摘は論壇誌にかかわるものだが、こうした雰囲気は、私には世の中のネット社会の進展と無縁とは思えない。

数年前のこと、ネットに関して、びっくりする言葉を聞いたことがある。主にテレビ・ドキュメンタリーの世界で活躍していた方が、ネットで自身のブログを立ち上げ、ニュースサイトにもこれが掲載されるようになった。その反響の大きさに気をよくしたらしく、「活字の媒体と違ってネットにはスピード感を感じる。即座に自分の意見を言える。まちがった場合もすぐに訂正ができる」という意味のことを言ったのである。

この人のネット記事に事実誤認があることを指摘した私のメールに対する返信のなかにあったものだが、練達のジャーナリストにしてネットという不慣れな場に立つと、このようなとんでもない誤った認識を持ってしまうのである。

まず、「まちがった場合もすぐに訂正ができる」という方から言うと、少しでもネットに接した人には、これがとんでもない誤りであることはすぐ分かるだろう。たとえば、自分のブログで社会的な問題について何らかの論評を書く。前提の事実認識が間違っていたことが分かって、だれかから指摘を受ける。たしかにすぐに自分のブログに書いた分は訂正できる。その論評自体を削除してしまうことも可能だ。しかし、その論評が一定の影響力を持つものだった場合、本人が気づいて削除したとしてもそれ以前にネット上に拡散している。とりわけ、ニュースサイトに転載された場合の影響は大きい。本人は拡散の広がりをすべて捕捉できるわけではないから、削除しようにも削除できない。

次に、「活字の媒体と違ってネットにはスピード感を感じる。即座に自分の意見を言える」の方である。これは前者より深刻だろう。たしかに活字媒体の場合、日刊新聞の朝刊でさえそこに載った何らかの論評が読者の手に届くのは早くても翌日朝である。週刊誌、月刊誌となれば、当然もっと時間がかかる。これに対してネットのブログに書けば、瞬時にしてネットユーザーという読者に届く。その意味で「スピード感を感じる」。即座に自分の意見を言える」というのは、それ自体は誤りではない。

だが、何らかのかたちの批判的言論を表明するとき、何が必要なのかということを考えてみよう。それは即自的な反発に過ぎないのではないのか、あるいは自身の無知がなせる業ではないのか、こうしたことを内心に問うことが求められるはずだ。つまりは自己懐疑の精神である。

ネットに「スピード感を感じる。即座に自分の意見を言える」と考える人は、そのスピード感に酔っているだけではないか。この酔いがネット社会の言論から批判的な言論に不可欠な自己懐疑の精神を奪っているように思える。

跋扈する「スマホ人」

ネット社会が言論のあり方にもたらす問題を考えるとき、そのオーディエンスの側にも注目すべきである。

西部邁が『保守の遺言――JAP.COM衰滅の状況』で、「スマホ人」への嘆きを語っている。「スマホ人」とは、常にスマートフォンを手にして、それを操作している人々に対する「命名」である。西部によれば、「スマホ人」は、「世界を弄んでいるうちに世界に弄ばれている人々の群れ」なのだ。「もう一年以上、電車に乗ったことがない」という西部は、「スマホ人の群れを眼にすると吐き気が催されてならない」からだという。では、「電車内で新聞や書物を読んでいたかつての通勤者たちの振る舞いとスマホ人の所業とはどこか違うのであろうか」と問いかけ、西部は次のように述べる。

能動（積極）と受動（消極）の違いは歴然としている。どの新聞のどの欄をみるか、どの作者のどの本を買うか、の自主的選択の姿勢が前スマホ人には多少ともあったのではないか。それにたいしスマホ人は適当にボタンを押したら出てきた情報に受け身で反応しているにすぎないと察しられる。姿勢の基本がかく受動態にとどまるなら、その情報を疑ったり解釈し直しする営みなどに勢力を注ぐはずはないと見当がすぐつく。

スマホを愛用している人の中には、「そんなことはない」と反論する向きがあるだろう。私自身、決してヘビーユーザーではないものの、スマホは持っているし、便利に使っている。しかし、西部の論難は決して極論ではないだろう。自己懐疑（その情報を疑ったり解釈し直しする営み）なき人の群れである、ネット社会のオーディエンスは、ネット社会の「スピード感」への「酔っ払い方」のレベルで言えば、書き手より一層深い。彼・彼女らの存在がブーメランとなって書き手の側の酔いを深めている。

「ネット論壇」の可能性?

ネット社会における言論に対する、以上のような否定的な考えは、ネット社会に通暁している人からみれば、ステレオタイプの批判に思えるかもしれない。ネット社会が後戻りできないことは明らかである。たしかに「昔はよかった」的な嘆きはそれ自体では意味がない。では、インターネットが結ぶコミュニケーションの新しいかたちにこそ、「ポスト戦後」論壇の可能性を見るべきなのだろうか。

ジャーナリストの佐々木俊尚が『ブログ論壇の誕生』(文春新書)を刊行したのは、二〇〇八年である。「いまや論壇は、雪崩を打つような激しい勢いで、インターネットの世界へと移行しはじめている」と、いくぶんセンセーショナルに書き出されたこの本は、こうした可能性を強く打ち出している。

紙のメディアを基盤にした「公論」の場としての論壇は一九九〇年代以降、ほとんど消滅してしまっているというのが、佐々木の時代認識である。佐々木は論壇的世界の起源をたどり、「イギリスのコーヒーハウスやフランスのカフェ、サロンで行われていた討論が、公論の場を生み出し、世論形成の場にもなった」という。ところが、こうした公論世界は大衆社会の成立とともに「二十世紀終わりに起きた教養の喪失と社会の細分化が起きると、あっという間に分断されてしまう結果となった」と指摘する。そして、「インターネットの論壇は、この分断された公論の世界を、ふたたびひっくり返して底からかき混ぜてしまう可能性を秘めている」というのである。

さらに、佐々木は、こうした新しい状況に世代間の対立をみて、次のように論じる。

この論壇（ネット論壇）を構成しているのは、主としてロストジェネレーション世代の人たち——すなわち一九七〇年代に生まれ、就職氷河期を堪え忍び、格差社会にあえぎ、しかしインターネットを自由自在に操っている彼ら彼女らだ。

彼らの新しい言論は、古い世界の言論を支配していた団塊の世代と激しく対立し、その支配を脱却しようとあがき、そして今や超克しようとしている。

これは新たな世代の、新たな公共圏の生成である。

何やら「宣言」めいた高揚した物言いには辟易するが、佐々木もネット論壇にバラ色の未来をみているわけではない。この本の「おわりに」では、衆愚化とサイバー・カスケードについて指摘している。

インターネットにおけるコミュニケーションの最大の特徴は、だれでもが発信できることである。受け手はそのまま送り手になりえる世界である。それがネット論壇における「自由なタブーなき議論」を可能にしている。だが、「だれでも」と言っても、当たり前だが、人の能力は平等ではない。情報発信能力の高い人もいれば低い人もいる。情報に対する批判的な能力をしっかり持っている人がいれば、それに欠ける人もいる。佐々木は、「インターネットの世界ではインフルエンサーと呼ばれる影響力の大きい人とその他大勢の者たちが同時に存在しているのだ」という。

「その他大勢」は一人一人の影響力は小さいが、数が増えればネット空間で大きな力を発揮する。衆愚化が起きやすい。さらにこうした状況から生まれるのがサイバー・カスケードと呼ばれる現象である。カスケードとは「連なった小さな滝」の意味。サイバー空間で起こる言論の集団極性化を、アメリカの憲法学者キャス・サンスティーンが著書『インターネットは民主主義の敵か』（毎日新聞社、二〇〇三年）で、サイバー・カスケードと呼んだ。ネット空間では、同じような価値観を持った人々が同じコミュニティに集まりがちな現象が起きるというのである。

ネット空間では多彩な情報が膨大に飛び交っていることは間違いない。人々はいずれの情報にもアクセスできる。だが、衆愚化とサイバー・カスケードの危険が伴うとき、そこから論壇を形成するべき「公論」は生まれにくい。「戦後」論壇で起きたような「論争」も期待できない。

もちろん、優れた専門家が専門的な知識をもとにした見解を表明しているブログはいくつもある。これらをまとめたかたちのサイトや常連執筆者による「論壇サイト」と呼ばれるものも存在する。私自身、そうした言論に接して知見を広める機会は少なくない。だが、多くの場合、それは知識や情報を効率よく得ているだけのことに過ぎないのではないかというのが実感である。

加藤典洋「敗戦後論」のインパクト

本書元版には「1945-1970」と副題を付した。こうして新しいかたちで刊行される以上、「昔語り」ばかりで終わっていては増補版を出す意味がないかもしれないと考えた（「昔語り」に意味がないと考えているわけではないが）。私自身は、元版刊行以降、幕末・明治期のジャーナリズムの歴史研究に重点を置いている。論壇を含めてジャーナリズムの現在への関心を失ったわけではないが、すでに「専門家」というわけではない。いまの私にできることは「ポスト戦後」論壇の構造の一端に光を当てることぐらいだろう。そう思い定めた。西部邁の自死に言論への深い絶望を読みとることから書きはじめ、ネット論壇の問題点を指摘した。この補論で、私が「ポスト戦後」論壇の可能性を否定していると受け取る向きが多いかもしれない。だが、「戦後」論壇の英雄時代とは違うかたちであれ、「ポスト戦後」にも「公論」は存在していることはまちがいない。今回の執筆作業を通じて、いくつかの文献を読み、あるいは改めて参照する中で、「ポスト戦後」において持続的に論じられてきた大きなテーマが一つあることに気づいた。

『日本の論壇雑誌』関係年表にふれて、二〇〇〇年以降、論壇から「論争」が消えたことを指摘した。しかし、この年表は一九九〇年代後半から二〇〇〇年代にかけて持続的に多くの論者が加わって展開された論争と呼ぶべきものがあったことを、なぜか見落としている。そこで展開された多くの議論の根底にあった問題は現在も続いている。むしろ、関連した問題領域も含めて、いまこそ熟慮が求められる大きなテーマが、そこにある。

一九九四年末に発売された文芸誌『群像』（講談社）の翌年一月号に、批評家の加藤典洋が「敗戦後論」を発表した。この論考について、社会学者の大澤真幸は、「多くの反響を呼んで、反響といってもかなりの部分ネガティヴな反響です。たとえ、ネガティヴなものであっても、反響の大きさが、彼の論考のインパクトを示してはいます」（『戦後の思想空間』ちくま新書、一九九八年）と書いているように、哲学者の高橋哲哉ら多くの論者による反論が登場した。

加藤の論考は『アメリカの影』（河出書房新社、一九八五年）以来の問題意識を深め、一九四五年の敗戦が日本の戦後に与え続けている抑圧に改めて光を当てたものである。戦後日本は「戦争の放棄」を掲げた憲法のもと、自由と民主主義の社会になり、平和と繁栄を獲得した。しかし、それは、アメリカ（連合国）の圧倒的な武力によって「戦前」が否定された敗戦の結果だったのであり、平和憲法なるものもアメリカによって押し付けられたものであると、加藤はいう。この出発点における「ねじれ」を直視しない結果、戦後日本は「ジキル氏とハイド氏」のように人格的に分裂してしまったと論じたのである。

「ねじれ」から回復して、閉じたナショナルなものとは違った、別種の「われわれ」を立ち上げる方途として、加藤は「三百万の自国の死者への哀悼を通じて（アジアの）二千万の死者への謝罪へと至る道」を編み出さなくてはならないと述べた。論争では、さまざまた加藤批判が登場したが、このフレーズがもっとも「争点」になってしまったかたちだった。しかし、日本思想史研究者の伊東祐吏は、論争の実態にふれて、「感情や拒否反応が邪魔をして、本来議論されるべき主題が受けとられなかった」(『戦後論——日本人に戦争をした「当事者意識」はあるのか』平凡社、二〇一〇年)と指摘している。先の大澤も「加藤さんの議論へのこれまでのほとんどの反論は、無効だと思います」(大澤、前掲書)と述べる。加藤の「敗戦後論」が提起した問題は現在もなお未決のままと言っていい。

「ポスト戦後」における「戦後」の再審

加藤は「敗戦後論」の後も、自らが提起した主題をめぐって精力的に著作を発表し続けている。「戦後後論」、「語り口の問題」の二つの論考は、「敗戦後論」とともに『敗戦後論』(講談社、一九九七年)に収録された。その後、単行本として刊行されたものには、『可能性としての戦後以後』(岩波書店、一九九九年)、『戦後的思考』(講談社、一九九九年)がある。そして、二〇一五年に刊行された『戦後入門』(ちくま新書)が、これまでの自身の「戦後論」を総括する著作と言えるだろう。新書版の本としては実に分厚く、六百五十五ページもある。「日本の戦後について、それがどこからはじまり、どういう問題をはらみ、この戦後の空間から脱するのにどうすることが必要なのかについて、全方位的に考え抜き、論じています」（同書「はじめに――戦後がはげかかってきた」）と、著者自ら書いている。

一九五一年九月八日、日本はアメリカなど四十八カ国と講和条約を締結した。この条約が翌年九月、発効したことによって、日本はかたちのうえでは独立を回復した。しかし、講和条約と同時に調印された日米安全保障条約により独立後の日本には米軍基地が置かれることになった。「戦争放棄」と「戦力の不保持」をうたう憲法のもと、日本は世界最大の軍備を持つ超大国に安全保障をゆだねたのである。

こうしてスタートした「敗戦後」を、加藤は、密教・顕教という、かつて久野収と鶴見俊輔が『現代日本の思想』（岩波新書、一九五六年）で使った用語で説明する。久野と鶴見は、大日本帝国憲法体制の日本では、天皇を無限の権威・権力を持つ絶対君主として解釈する顕教（たてまえ）と、天皇をその権威・権力が憲法その他によって限界づけられた制限君主と解釈する密教（申しあわせ）が使い分けられていたと指摘した。こうした顕教・密教の解釈システムは「敗戦後」の日本にもあったとして、加藤は次のように書く。

そこで顕教とは、日本と米国はよきパートナーで・日本は無条件降伏によって戦前とは違う価値観の上に立ち・しかも憲法九条によって平和主義のうえに立脚しているとみる解釈のシステム、密教とは、日本は米国の従属下にあり・戦前と戦後はつながっており・しかも憲法九条のもと自衛隊と米軍基地を存置しているという解釈のシステムを意味します。

「戦後」の長い間、この顕教・密教体制はそれなりに機能してきた。経済成長という果実が、これを支えてきた。何よりも冷戦体制という枠組みが対米従属を見えにくくしていた。しかし、経済成長は遠い過去のものとなり、冷戦体制も崩壊して久しい。「ポスト戦後」がそれなりに長い時間を経た今日、こうした状況の変化の中で対米従属の現実が日本の行く末を考えることと直接つながって新たなかたちで問われている。それは、「ポスト戦後」における「戦後」の再審と呼ぶべき問題である。

白井聡『永続敗戦論』をめぐって

レーニンの革命思想を研究していた政治学者の白井聡が『永続敗戦論――戦後日本の核心』（太田出版）を刊行したのは、二〇一三年三月である。同書は多くの読者を得る。私の手元にある本は、同年一二月発行の第八刷である。白井は、二〇一八年四月には『国体論――菊と星条旗』（集英社新書）を出し、これもよく売れているようだ。『永続敗戦論』は一般読者に広く読まれただけでなく、石橋湛山賞、角川財団学芸賞なども受賞し、論壇的なレベルでも高い評価を得ている。

白井の著作をめぐるこうした現象は、「ポスト戦後」における「戦後」の再審が今日、大きな課題となっていることの一つの証左である。白井は「いまあらためて歴史に向き合わなければならない」として、次のように書く。

それは、簡単に言えば、「戦後」＝「平和と繁栄」という物語を批判的に再検証しなければならないということである。より厳密には、この物語に内在的にはらまれていた「戦争と衰退」へと転化する可能性をはっきり探り当てなければならない、ということである。

「敗戦の帰結としての政治・経済・軍事的な意味での直接的な対米従属構造が永続化される一方で、敗戦そのものを認識において巧みに隠蔽する（＝それを否認する）という日本人の大部分の歴史認識・歴史的意識の構造が変化していない」として、白井は「敗戦は二重化された構造をなしつつ継続している」と述べる。そこから著書のタイトルになっている「永続敗戦」というキーワードが登場する。

> 敗戦を否認しているがゆえに、際限のない対米従属を続けなければならず、深い対米従属を続けている限り、敗戦を否認し続けることができる。かかる状況を私は、「永続敗戦」と呼ぶ。

ここには加藤の「敗戦後論」を、ある意味で正当に引き継ぐ問題意識がたしかにあるだろう。しかし、私は『永続敗戦論』が多くの読者を得ているという状況に、実のところ、「ポスト戦後」の言論の危うさを読み取る。

白井は「私は歴史学者ではないから、本書において新しい歴史的事実の提示を行なうわけではない。その代わりに私は、われわれが歴史を認識する際の概念的な枠組み、すなわち「戦後」という概念の吟味と内容変更を提案する」と述べている。まさにその通りで、この本に新しいことは書かれていない。「永続敗戦」という言葉だけが新しい。

「永続敗戦」という言葉は惹句として力があるのだろう。しかし、先の引用の「敗戦そのものを認識において巧みに隠蔽する（＝それを否認する）という日本人の大部分の歴史認識・歴史的意識の構造」という部分は私には理解不能だが、戦後の日本の対米従属は論を俟たない。この点は、白井も高く評価する江藤淳の先駆的にして実証的な研究をはじめ、ほかならぬ加藤の一連の仕事などがさまざまなかたちで指摘して来たことである。

自明のことを新造語で説明する一方、白井は「現行の体制は戦前・戦中さながらの〈無責任の体系〉以外の何物でなく、腐敗しきったものと成り果てていた」、「原発事故を契機としてこの国の社会・権力の地金がはっきりと露呈してしまった以上、いまや曖昧なかたちで隠されたままにとどめるべき事柄などは存在しない。それは、卑劣漢であることがバレた卑劣漢が卑劣な振る舞いを躊躇う理由はないのと同じことだ」といった、煽情的な表現をいたるところで使う。

外交史家の細谷雄一は、元外交官の孫崎亨の著書『戦後史の正体　1945–2012』（創元社、二〇一二年）とともに、『永続敗戦論』を「反米史観に基づいた戦後史」の近年の代表的なものとしている。そして、「反米／親米」のイデオロギー対立を軸にして戦後史を描くことは陰謀史観に陥る危険性があると指摘している（『戦後史の解放Ⅰ　歴史認識とは何か

――日露戦争からアジア太平洋戦争まで』新潮選書、二〇一五年)。

ちなみに、白井の『国体論』も「国体」という言葉を使っているだけで、歴史的な事実として新しいことは書かれていない。しかも、戦後日本の統治構造について、戦前の「国体」(天皇制国家)のアナロジーとして「国体」という言葉は何人もの人が使っているものだ(ただし、それはあくまでも「アナロジー」であり、統治構造の厳密な分析用語としてではない)。

『国体論』では、『永続敗戦論』以上に煽情的な表現が随所に使われている。「一種の集団的発狂」や「発狂した奴隷」といった言葉は、いかなる対象に向けられたものであっても、適切とはとうてい思えない。

白井の著書が多くの読者を引き付けている大きな要因は、「永続敗戦」や「国体」といった惹句や過激な言葉をともなった「反米」という気分なのではないか。「ポスト戦後」の言論世界において、白井は「ネット社会におけるインフルエンサー」と同じような役割を果たしているのかもしれない。

「理想の時代」の後に

本書元版が対象にした一九四五年から一九七〇年の時期を、大澤真幸は「理想の時代」と呼んでいる（『虚構の時代の果て――オウムと世界最終戦争』ちくま新書、一九九六年）。理想の時代は、「人々が理想との関係において現実を秩序だてていた段階」である。理想の一方の極には、進歩派知識人が担った憲法第九条の平和主義と「戦後民主主義」を基礎にしたものがあった。

「ポスト戦後」は、つまりは「理想の時代」が終わった後である。「理想」をナイーヴに語ることができない。それが明らかになって、すでにかなりの時間が過ぎた。だからこそ、「戦後」の再審がいま喫緊のテーマとして浮上している。だが、そこで語られるべきは、ネット社会の大衆《マス》であれば引き付けられてしまうかもしれない糾弾や侮蔑の言葉ではないだろう。

私は以前、あるべきジャーナリズムの方向を考えた小文（「希望のジャーナリズム――基本的理論のための覚書」『社会志林』62-4、法政大学社会学部学会、二〇一七年）を、リチャード・ローティを研究している気鋭の哲学者の次の文章で結んだ。

いま私たちにとって必要なのは、次の二点であろう。ひとつは、多様な「信念」の持ち主と、偶然に満ちた出会いができるようになり、自己のありようも、その都度再編されていくようになること。もうひとつは、自分とは全く違う価値観の持ち主も、自分とは異なる観点から、「よりよい社会」を目指し、「正しい」と思うことを主張しているということを理解できるようになること。この二点を実現することで、リベラルで民主的な政治文化が公共的な政治文化として、より多くの人に共有されていくことになるだろう。そのことはまた、自己の信念の多様性と、異なる意見の持ち主に対する寛容な態度を、いっそう培うことになるのである。

（大賀祐樹『希望の思想 プラグマティズム入門』筑摩書房、二〇一五年）

公共空間としての「ポスト戦後」論壇が、ここに述べられた「リベラルで民主的な政治文化が公共的な政治文化」の一翼を担うものであってほしい。

あとがき

「はしがき」に書いたように、新聞社で論壇を担当していたころ、毎月、「今月の雑誌から」という「論壇時評」を書いていた。一九八七年七月から九〇年三月までのことだから、もう昔々である。その後、「岩波書店と文藝春秋――戦後50年 日本人は何を考えてきたのか」という企画を担当した。一九九五年四月から翌年三月まで、週一回計五十回連載した。新聞記者としてやったこの二つの仕事が、本書につながった。

「今月の雑誌から」を書いているころ、当然のことながら、毎月、岩波書店の『世界』を読む。代表的な総合雑誌なのだから、何か一つぐらい、そこに載っている論文を取り上げたい、と思って読むのだが、なぜかピンとこなくて、実際に言及する機会は少なかった。

「岩波書店と文藝春秋」は、サブタイトルが示しているように、「戦後五十年企画」だった。連載のねらいについて、単行本にした際、「あとがき」に、「「事件」や「出来事」そのものではなく、それらについて日本人が考えたこととその意味を振り返る。つまり、戦後五十年の広い意味での、日本人の知性の働きを検証するインテレクチャル・ヒストリー。その〝軸〟に「岩波書店と文藝春秋」という対比をすえる」と記した。

いろいろな方に手伝ってもらったのだが、一週間に一度、一ページ全部を埋める企画だったから、なかなか大変だった。具体的な展開は、連載開始時、せいぜい数回分ぐらいしか決まっていなかった。毎週、『世界』と『文藝春秋』などからコピーしたかなりの分量の論文類を読み、原稿を書く一方、次のテーマや構成を考える。そんな日々だった。

しかし、いろいろな「発見」があって、実に楽しい仕事でもあった。「発見」の一つは、私自身が現役の論壇記者として経験した『世界』の〝つまらなさ〟と戦後五十年の、少なくとも前半の『世界』の大きな「存在感」との間の落差である。思えば、このころから本書につながる漠然とした問題意識が、私の中で芽生えていたのだろう。

とはいえ、実際に着手したのはごく最近のことである。直接のきっかけは、朝日新聞社の『論座』二〇〇五年四月号に寄稿した「「論壇」の戦後史――いくつかの雑誌に即して」という一文である。「日本の言論」という特集テーマの一環として、『論座』編集部の高橋伸児氏から依頼があった。四百字二十五枚の短い原稿である。連載企画「岩波書店と文藝春秋」は、一九九六年八月、毎日新聞社編『岩波書店と文藝春秋――「世界」・「文藝春秋」

に見る戦後思潮』として毎日新聞社から刊行され、比較的多くの読者を得た。高橋氏も、この本を読まれていて、私に原稿を依頼してきたのだった。

『論座』掲載の拙文を読まれた平凡社新書編集部の金澤智之氏から連絡があり、初めてお会いしたのは、昨年六月だったと思う。「論壇の戦後史」という書名と「目次案」を持っての執筆依頼だった。私は「ぜひ書いてみたい」と、お返事した。

年来の「漠然たる問題意識」が『論座』に寄稿したことで、かなりはっきりしてきた。『岩波書店と文藝春秋』は「共著」というかたちだったし、書名の通り、『世界』と『文藝春秋』が中心だった。論壇全般を見渡した、自分の本を書いてみたいという気持ちも以前からあった。その意味では、金澤氏の依頼は、私にとってグッドタイミングだったわけだ。

いろいろな事情があって、実際にパソコンに向かって書き出したのは今年二月に入ってからだった。いちおう、脱稿したのが二三日。この間、大学の業務などでパソコンに向かうことができない日もあったから、かの女性アスリートの名言を借りれば、「自分で自分をほめてやりたい」気もないではない。まあ、それはともかく、金澤氏を困らせることにならなくて、よかった。

『論壇の戦後史』という書名は、もともと『論座』の拙文に付けたものだった。「論壇」

という場から見た「戦後史」といった程度の含意である。もっとも、「論壇」にしても「戦後史」にしても、「切り取り方」は多様である。その意味で、本書は「切り取り方」の事例の一つに過ぎない。「あれもない」「これも抜けている」といった指摘はすぐにも予想できるが、私は、このように切り取ったという以外にはない。

本書で取り上げた人々やその論文の多くは、読者の多くがたぶんそうであるように、私一個にとっても「歴史」である。ただ、実体験として二つの私事を記すことをお許しいただきたい。

本文に書いたことだが、丸山眞男氏の高名な論文「超国家主義の論理と心理」は高校三年生のときに読んで、よく分からなかった。しかし、大学に入ってすぐ手にした『現代政治の思想と行動』(未来社)で「軍国支配者の精神形態」にふれて、その見事な分析に圧倒された。以来、「丸山眞男」は、長く私の中で特別な存在だった。

大学騒乱の時代に学生生活を送ったとはいえ、私自身は臆病なノンポリに過ぎなかった。いまでも、その場面ははっきりと覚えている。場所は、私の友人の下宿。その友人と彼の高校時代からの友人である男、そして私がいた。友人の友人は、東京大学法学部の学生だった。彼は小冊子を手にしていた。本文でふれた折原浩「東京大学の死と再生を求めて

――「最終方針告示」批判」だった。本文にも引いた、その丸山眞男批判の部分を、友人の友人は深刻な顔で、「こんなことが書いてある」と教えてくれた。俗ないい方をすれば、丸山眞男にいかれていた私にとって、相当にショックだった。

友人の友人は、後に朝日新聞社に入り、「天声人語」を書いた小池民男氏である。一年前に五十九歳の若さで亡くなった。

清水幾太郎氏の密葬の場で丸山氏を見かけた話を本文に書いた。その後、一度だけ、丸山氏に直接、話を聞く機会があった。東京・吉祥寺のホテルの中の和食の店。少し遅れてきた丸山氏は、実によくしゃべる人だった。食事をしながらも話をやめないので、ときに口の中のご飯粒が飛んだりする。食事を終えて、同じホテルの喫茶店に場所を変え、さらに話は続いた。丸山氏は、レモンスカッシュをお代わりした。

話の中身は大半、忘却のかなたである。もうそのとき、肝臓がんの治療中だったと思う。その日は持っていたステッキを忘れるほど元気だったが、一九九六年八月一五日、八十二歳で亡くなった。

以上、とるに足らない「自分史」の一端だが、こんな記憶が、本書を書く動機とどこかでつながっているようにも思う。

さて、この手のことはどうしても最後になってしまうのだが、一番大切なことを――。「岩波書店と文藝春秋」を連載していた当時、筆者としても、テーマ選定の上でも、頼りになる知恵袋は、半藤一利氏だった。井上喜久子氏には、資料の収集、取材でずいぶんお世話になった。「岩波書店と文藝春秋」という仕事がなければ、本書もなかったわけで、改めてお二人にお礼を申し上げる。

『論座』編集部の高橋伸児氏の原稿依頼がなければ、私の「漠然たる問題意識」は眠ったままだったかもしれない。そして、金澤智之氏。金澤氏の誠実な慫慂と的確な対応がなければ、本書は日の目をみなかっただろう。お二人に感謝する。

二〇〇七年四月

奥　武則

平凡社ライブラリー版　あとがき

本書元版（平凡社新書）を刊行したのは二〇〇七年五月だった。その「あとがき」に、「実際にパソコンに向かって書き出したのは今年二月に入ってからだった。いちおう、脱稿したのが二三日」と書いてある。「そうだったか」と思い出しつつ、たかだか十年少し前のことなのに、「あのころは〝パワー〟があったなあ」と思うことしきりだった。

三十三年間勤めた新聞社を早期退職して大学教師に転じ、四回目の新学年を迎えたころである。その後も数冊の本を出した。だが、本書元版のように「一気に書き上げた」といえるような本はない。その後の本はジャーナリズム史にかかわるものが多かったから、資料の探索そのものに時間がかかった。本書元版の執筆に際しては、前記「あとがき」にも記したように、新聞記者として担当した『岩波書店と文藝春秋――戦後50年　日本人は何を考えてきたのか』の連載企画の経験があったことも大きかった。この連載を続ける中で、私自身、「論壇の戦後史」を書くための材料だけでなく、「視点」とでもいうべきものを得ていた。

こうした事情に加えて、いま考えると、短期間に一気に書き上げることが出来た理由は、他人事ではなく、「自分」が対象だったことにあったように思う。一九四七年生まれの私は、本書元版が対象にした時期の前半に書かれた論文をリアルタイムで読んでいたわけではない。「六〇年安保」のときでさえ、まだ中学二年生だったから、論壇雑誌として力を持っていたころの『世界』は手にさえいない。だが、十代後半以降、その時期の論文の多くに接し、そのいくつかには強い影響を受けた（丸山眞男氏のことについては、先の「あとがき」に記した）。そして、高度成長期から、本書元版で「『朝日ジャーナル』の時代」として取り上げた時期、私はすでに同時代の読者の一人だった。本書元版は、私にとって自身の精神形成の来歴——少なくともその一部分——を探るものだったといえるかもしれない。その意味で本書元版は私にとってその他の著書とは違う意味で大切なものだった。

著者自身がこうした思いを抱く本書元版は、私を含む団塊の世代以上の人々には、ある種の「懐メロ」であるかもしれない。しかし、「終章」の末尾に、「「戦後」論壇の経験を振り返ることは、私たちが歩いてきた道を見直すということ以外に、今後のあるべき論壇のかたちを考えるためにも無駄ではないはずだ」と記したように、二〇〇七年に本書元版を刊行した私にはもとより「懐メロ」を奏でる意図はなかった。

今回、平凡社ライブラリーとして刊行するに際して、ささやかな増補を加えた。その作業を通じて、「戦後」論壇を飾った論文の射程の長さを改めて痛感した。そこには、今日の、そして未来の日本と世界を考えるために有益な光源がいくつも見出すことができるように思う。今回新しいかたちで刊行される平凡社ライブラリー版が、こうした光源を探す読者の手助けになってほしいと願う。

本書元版は、二〇一一年に韓国・翰林大学校日本学研究所によって韓国語訳が刊行されている。今回の平凡社ライブラリー版の刊行で、また新しい読者を得ることができる。本書元版の刊行には、平凡社の金澤智之氏にお世話になった。今回、「平凡社ライブラリーにしましょう」と声をかえていただいたのも、金澤氏である。本当にありがたいことである。深く感謝する。

今回、「付論」を加えたが、一、二の誤りなどを除いて本書元版にはほとんど手を入れていない。「補章」は、いくぶんアウト・オブ・デイトになっているので割愛することも考えたが、この文章を執筆した時期（朝日新聞社の『論座』二〇〇六年三月号掲載）の一つの記録として意味がないわけではないと考えて残した。

最後になってしまったが、今回、昭和史研究家の保阪正康氏に「解説」を執筆いただいた。保阪氏の多くの著作から裨益を受けている身として望外の喜びである。記して謝意としたい。

二〇一八年八月

奥　武則

解説――次世代への継承

保阪正康

　戦後日本の論壇は絶対神の存在によって動いてきたとの表現がふさわしいように思う。というと、少々大げさな、といった向きもあるかもしれないが、いささか専門的にいうならば、唯物史観の見方が席捲《せっけん》したといってもいいのではないか。この呪縛《じゅばく》から脱するには相応の時間と価値観の転換が必要であった。それと同時に、そのような状況を丁寧に分析する書も必要である。本書はその役を果たす貴重な書というべきだ。

　まずはその総括、あるいは次代への継承という役割を担う書であることに、私は敬意を表したいと思う。戦後日本の現実がこのような葛藤の中にあったことを、私は同時代に生きてきた者としてよく理解できる。その上であえて私なりに本書とは別な視点になるが、戦後日本の一風景を記しておきたい。

一九六〇年代、七〇年代は総合雑誌の時代であったが、社会主義への素朴な心情があり、それが中心軸になっていた。私はその頃にいわば昭和史に関わるノンフィクションを総合誌や一般誌に書き始めた。私は、立論しそれを裏づける論理展開を行う評論ではなく、むしろ具体的な史実の検証や今で言うオーラルヒストリーのような史観を日本に定着させたいと考えていた。

言ってみれば演繹《えんえき》的に実態を見るのではなく、帰納《きのう》的な手法を考えていたのである。そのような文筆家としての生き方は時代の中では必ずしも有効性を持っていたとはいえない。なぜなら演繹的な手法によって整理される史実は、しばしば恣意的に操作されていたからである。私の書く文章はそれに異議申し立てを行う形になった。するとそのまま便宜的に「右翼」とか「反動」といったレッテルが貼られたのである。

そのようなレッテルは私にとってきわめて不本意だった。私の志や意図する方向とは全く相容れぬ形でのレッテルだったからである。

本書で言えば、「第六章　政治の季節」「第七章　高度成長」「第八章　『朝日ジャーナル』の時代」などの章の空気は、あえて総括的に言うならば、論壇の論理そのものの狭隘《きょうあい》さや広がりのなさを示す側面があったことは認めなければならない。そのことが次第に読者離れを加速させたように私は考えていたのである。私はこの期に文筆業に入ったことになるが、私の関心は二つのテーマにあった。

一つは近代日本史の聞き書き、いわば庶民がどのように生きたのか、さらになぜあの戦争は起こったのか、なぜあの戦争で私より二十歳ほど上の世代は死ななければならなかったのか、などの証言を集め、整理することを目ざす道。

もう一つは、一九六七年頃から始まる全共闘運動（本書でもベトナム反戦と絡ませて整理されている）のきっかけは、東京大学の医学部の反インターン闘争に根ざしていたのだが、この問題を通じて私は医学部の構造に関心をもつことになった。この闘争は、医学部学生の人権闘争の趣があり、いわば医局講座制の解体へと進んでいく。先端学問分野での封建的なシステムが、これまで通用していること自体がおかしかったのである。

特に私がこの問題に関心をもったのは、東大医学部の自治委員の一人が、東大医学部教授との団交の席で暴力をふるったとして停学の処分を受けた。しかし彼は、九州の大学医学部にオルグ活動に出かけていた。そのことが問題になると、処分を取り消すどころか、教授会が一度決めたことは取り消すことができないという態度がみられたのである。このことを聞いて、私はその理不尽さに驚いた。同時に医学部の教授が、何気なく洩《も》らした一言によって、私は日本社会の意外な一面を見ることになった。

「医学部教授の七割ほどは、陸軍士官学校出身か海軍兵学校の出身者だよ。彼らは軍隊のヒエラルキーの枠内に今もおさまっている」

この言に刺激されて、私は医学部教授の実態について調べ、確かにその体質の古さに愕然とした。昭和十年代の軍事組織の弊害がそのまま現れていたのである。私は『朝日ジャーナル』や『現代の眼』などにこうした記事を書いたのだが、そうした内容は意外に受け入れられた。このような体験を通して、私は前述の二つのテーマを持って総合誌と接触することになったのである。

本書でも著者は指摘しているが、戦後日本の論壇では天皇制や戦争責任、さらには平和論などできわめて密度の濃い論議が交わされた。ここには戦前の言論弾圧の反動というだけでなく、日本社会の根元には哲学、思想、そして絶対平和の基本理念などを求める精神的飢餓の状態があったと考えていいであろう。それが総合雑誌そのものを求める心理ではなかったかと思えるのだ。

戦後日本の論壇での論理は、一面で「オモテの論理」「ウラの論理」といった言い方もできる。戦前の日本では公認された言論と密室化された言論とがあり、戦争へのまっしぐらな道は公認されたが、しかしそれに反対する言論は弾圧された。オモテとウラといった言い方はそれを指している。本書のテーマもつまりは戦後のオモテの言論がいかなる形で存在したのか、そしてその存在の意味を整理し、問うていると私には思えるのであった。そのオモテの言論が有効性を持っていた時代を、著者は時代区分をしながら論じている。そのオモテの論理が次第に有効性を失うのは、高度成長期の現実主義の到来によるというのも、また深い意味がある。

そこには次のような歴史的な流れがあった。

（一）経済至上主義での戦争観をはじめ、数量主義を基にした歴史観
（二）唯物史観の限界と戦後左翼の著しい衰退
（三）新しい価値観による既成体制の崩壊と暴力肯定の論理
（四）市民的規範の再考による個人主義への素朴な信頼
（五）科学技術が生み出す双方向メディアの登場と倫理、規範

これらの五条件は、戦後の論壇が現実的発想の欠如と時代と共に歩む論理の保守性とに

より、実に簡単に戦後の論理を駆逐したという意味だ。私は高度成長期の現実主義の論理、それとポストモダンの新しい論理は必ずしも自立していたわけではないと思う。にもかかわらずその種の論理がもてはやされたのは、戦後日本の主流たり得た唯物主義的な論理の粗雑さと独善の弊に、読者が辟易していたというのが、真実の見方ではないか。そのことをわかりやすく解いてみせたポストモダン側の論理に新鮮さがあったというのが実際のところだろう。

日本社会の論壇は、常に時代の中では反政府、反米国を基調としてきた。それは論壇の自主性そのものの意義を自己確認することでもあった。それが徐々に崩れていくのは、反政府の側に立つことが、実は論壇の潔癖さを表すのではなく、むしろ言論の有効性を自己否定していることに気づいてきたからであった。その結果が、前述の五条件にまとめることを可能にしたのである。

本書が具体的に指摘しているのも、まさにその構図のように思う。

特に私が重要視しているのは、(二)や(四)である。そしてより本質的に重要な意味を持つのは(五)なのである。戦後日本の主流たり得た中心軸が実にあっけなく崩壊することで、日本社会では、「知識人と大衆」「論理と現実」といった枠組みが意味を持たなくなり、「知識人の論理」が「大衆の現実」に屈服する形になったというのが結論になる。さらに労働団体とか市民団体といった集団の利益が、必ずしも個人に還元されないという現実、個人主義的な規範への回帰といった方向が（四）の道につながったということになるであろう。そしてポストモダンの視点が、はからずも（五）と合致することになったといっていいのではないだろうか。

私自身が、戦後日本の論壇でどう生きてきたか、そして前述の私のかかえていた二つのテーマをどのように書いてきたか、そのことを俯瞰して本書の記述の参考例としてみたい。特に近代史の聞き書きがどのように受けとめられたのか、を考えたい。

戦後論壇の演繹的な歴史解釈を批判する側の勢力に、やがて皇国史観風の論理とは異なる新たな「勢力」が生まれていく。本書で言うところの「ネット右翼」と評される現象である。この一派には特別な歴史観はなく、いわば「大東亜戦争は聖戦である」とか「日本は侵略していない」といった旗を掲げ、それに合致する史実（大体は根拠のない噂話や論証の曖昧な説なのだが）を拾い集めて、その旗をこれ見よがしに振るのである。

いわばこれは社会的欲求不満を政治化しているわけだが、この種の歴史修正主義者は面白いことに演繹的な歴史観に抗するのではなく、もっぱら実証主義的な歴史観に口を挟む。史実を恣意的に見る側には、実証性は邪魔な存在だといっていいのだろう。

実証的な検証を口汚く罵《ののし》るケースは少なくない。ほとんど感情が丸だしなのである。史実の確認を第一義とする歴史家や研究者のほか、ジャーナリストなども罵られるターゲットにされている。私自身もそういう渦に巻きこまれるケースがあるのだが、その批判の論述は社会的了解の枠を超えている。そこに昭和三十年代、四十年代の論壇のルールはない。本書はこうした例をいちいち細かく紹介してはいない。しかし戦後の論壇の流れがこのような形になることとの危険性を指摘している点に注目すべきである。

本書がもっとも時宜を得た時に平凡社ライブラリーに収められることに改めて意義を見出したい。

（ほさか　まさやす／ノンフィクション作家・評論家）

参考文献一覧（雑誌掲載分は除く）

天野恵一『危機のイデオローグ　清水幾太郎批判』批評社、一九七九
井崎正敏『天皇と日本人の課題』洋泉社新書y、二〇〇三
伊東祐吏『戦後論――日本人に戦争をした「当事者意識」はあるのか』平凡社、二〇一〇
江藤淳『一九四六年憲法――その拘束』文春文庫、一九九五
大賀祐樹『希望の思想 プラグマティズム入門』筑摩選書、二〇一五
大澤真幸『虚構の時代の果て――オウムと世界最終戦争』ちくま新書、一九九六
小熊英二『〈民主〉と〈愛国〉――戦後日本のナショナリズムと公共性』新曜社、二〇〇二
小熊英二『清水幾太郎――ある戦後知識人の軌跡』御茶の水書房、二〇〇三
小田実『何でも見てやろう』河出書房新社、一九六一
折原浩『大学の頽廃の淵にて――東大闘争における一教師の歩み』筑摩書房、一九六九
折原浩『東京大学――近代知性の病像』三一書房、一九七三
粕谷一希『作家が死ぬと時代が変わる――戦後日本と雑誌ジャーナリズム』日本経済新聞社、二〇〇六
加藤典洋『可能性としての戦後以後』岩波書店、一九九九
加藤典洋『戦後的思考』講談社、一九九九
加藤典洋『戦後入門』ちくま新書、二〇一五

加藤典洋『敗戦後論』講談社、一九九七
加藤秀俊『中間文化』平凡社、一九五七
木本至『雑誌で読む戦後史』新潮選書、一九八五
久野収、鶴見俊輔『現代日本の思想』岩波新書、一九五六
久野収、鶴見俊輔、藤田省三『戦後日本の思想』中央公論社、一九五九
キャス・サスティーン（石川幸憲訳）『インターネットは民主主義の敵か』毎日新聞社、二〇〇三
高坂正堯『海洋国家日本の構想』中央公論社、一九六五
小阪修平『思想としての全共闘世代』ちくま新書、二〇〇六
小島亮『ハンガリー事件と日本――一九五六年・思想史的考察』中公新書、一九八七
坂本多加雄『知識人――大正・昭和精神史断章』読売新聞社、一九九六
佐々木俊尚『ブログ論壇の誕生』文春新書、二〇〇八
清水幾太郎『わが人生の断片』文春文庫、一九八五
白井聡『永続敗戦論――戦後日本の核心』太田出版、二〇一三
白井聡『国体論――菊と星条旗』集英社新書、二〇一八
「新生」復刻編集委員会編『回想の新生――ある戦後雑誌の軌跡』、一九七三
竹内洋『丸山眞男の時代――大学・知識人・ジャーナリズム』中公新書、二〇〇五
竹内洋、佐藤卓己、稲垣恭子編『日本の論壇雑誌――教養メディアの盛衰』創元社、二〇一四
竹内好『不服従の遺産』筑摩書房、一九六一
谷川雁、埴谷雄高、黒田寛一、森本和夫、梅本克己、吉本隆明『民主主義の神話――安保闘争の思想的総

括』現代思潮社、一九六〇
都築勉『戦後日本の知識人——丸山眞男とその時代』世織書房、一九九五
鶴見俊輔『鶴見俊輔集2——先行者たち』筑摩書房、一九九一
永井陽之助『平和の代償』中央公論社、一九六七
中村隆英『昭和史』東洋経済新報社、一九九三
中村智子『「風流夢譚」事件以後——編集者の自分史』田畑書店、一九七六
中村政則『戦後史』岩波新書、二〇〇五
中村政則、天川晃、尹健次、五十嵐武士編『戦後思想と社会意識 戦後日本 占領と戦後改革 第三巻』岩波書店、一九九五
西部邁『保守の真髄——老酔狂人で語る文明の紊乱』講談社現代新書、二〇一七
西部邁『保守の遺言——JAP.COM 衰滅の状況』平凡社新書、二〇一八
埴作楽『岩波物語——私の戦後史』埴作楽著作刊行会、一九九〇
羽仁五郎『都市の論理』勁草書房、一九六八
林健太郎『昭和史と私——インテリの歩み』文春文庫、二〇〇二
林健太郎『移りゆくものの影』文藝春秋新社、一九六〇
日高六郎編『戦後思想の出発　戦後日本思想大系　第一巻』筑摩書房、一九六八
福島鑄郎編著『新版 戦後雑誌発掘』日本エディタースクール出版部、一九七二
福田恆存『平和論に対する疑問』文藝春秋新社、一九五五
福田恆存『常識に還れ』新潮社、一九六〇

藤原弘達『藤原弘達の生きざまと思索2――選ぶ』藤原弘達著作刊行会、一九八〇
保阪正康『六〇年安保闘争』講談社現代新書、一九八六
細谷雄一『戦後史の解放I　歴史認識とは何か――日露戦争からアジア太平洋戦争まで』新潮選書、二〇一五
毎日新聞社編『岩波書店と文藝春秋――「世界」・「文藝春秋」に見る戦後思潮』毎日新聞社、一九九六
松浦総三『戦後ジャーナリズム史論――出版の体験と研究』出版ニュース社、一九七五
松沢弘陽、植手通有編『丸山眞男集』第六巻、岩波書店、一九九五
松沢弘陽、植手通有編『丸山眞男集』第八巻、岩波書店、一九九六
松沢弘陽、植手通有編『丸山眞男集』第九巻、岩波書店、一九九六
松沢弘陽、植手通有編『丸山眞男集』第一〇巻、岩波書店、一九九六
松沢弘陽、植手通有編『丸山眞男集』第一五巻、岩波書店、一九九六
松沢弘陽、植手通有編『丸山眞男集』別巻、岩波書店、一九九七
松沢弘陽、植手通有編『丸山眞男回顧談（上・下）』岩波書店、二〇〇六
松下圭一『現代政治の条件』中央公論社、一九五九
松下圭一『戦後政治の歴史と思想』ちくま学芸文庫、一九九四
丸山眞男『丸山眞男座談』第二冊、岩波書店、一九九八
水谷三公『丸山真男――ある時代の肖像』ちくま新書、二〇〇四
道場親信『占領と平和――〈戦後〉という経験』青土社、二〇〇五
安丸良夫『現代日本思想論――歴史意識とイデオロギー』岩波書店、二〇〇四

山本武利『占領期メディア分析』法政大学出版局、一九九六
吉田則昭、岡田章子編『雑誌メディアの文化史――変貌する戦後パラダイム』森話社、二〇一二
吉野源三郎『職業としての編集者』岩波新書、一九八九
吉野源三郎『「戦後」への訣別――「世界」編集後記一九五六―六〇年』岩波書店、一九九五
吉本隆明『擬制の終焉』現代思潮社、一九六二

関連年表

	社会的出来事と論壇の動き	主要論文
一九四五(昭和二〇)年	終戦（八月）。GHQがプレスコードを発令（九月）。戦後の総合雑誌第一号として『新生』（新生社）が創刊（一〇月）。『世界』（岩波書店）、『展望』（筑摩書房）創刊。『改造』（改造社）、『中央公論』（中央公論社）復刊。労働組合法公布（一二月）	
一九四六(昭和二一)年	天皇による神格化否定の詔書「人間宣言」（一月）。清水幾太郎らが財団法人二十世紀研究所を設立（二月）。『思想の科学』創刊（五月）。極東国際軍事裁判（東京裁判）開廷（五月）。日本国憲法公布（一一月）	津田左右吉「建国の事情と万世一系の思想」（『世界』四月号）、丸山眞男「超国家主義の論理と心理」（『世界』五月号）、桑原武夫「第二芸術――現代俳句について」（『世界』一一月号）
一九四七(昭和二二)年	戦後初の衆議院選挙で日本社会党が第一党に（四月）	
一九四八(昭和二三)年	東京裁判判決（一一月）。平和問題討議会が「戦争と平和に関する日本の科学者の声明」を発表（一二月）	

一九四九(昭和二四)年	下山事件、三鷹事件(七月)。松川事件(八月)。中華人民共和国成立(一〇月)	丸山眞男「肉体文学から肉体政治まで」(『展望』一〇月号)
一九五〇(昭和二五)年	朝鮮戦争始まる(六月)。警察予備隊令公布(八月)	平和問題談話会「講和問題についての声明」(『世界』三月号)。竹内好「日本共産党に与う」(『展望』四月号)。丸山眞男「ある自由主義者への手紙」(『世界』九月号)。平和問題談話会「三たび平和について」(『世界』一二月号)
一九五一(昭和二六)年	対日平和条約・日米安全保障条約調印(九月)。『展望』休刊(九月、一九六四年復刊、七八年再休刊)。	都留重人「対日講和と世界平和」、丸山眞男「講和問題に寄せて」、山川均「非武装憲法の擁護」(『世界』一〇月号)
一九五二(昭和二七)年	日米行政協定調印(二月)。対日平和条約・日米安全保障条約発効(四月)。血のメーデー事件(五月)。保安隊発足(一〇月)	小泉信三「平和論——切に平和を願うものとして」(『文藝春秋』一月号)。山川均「次の民主革命のために」(『世界』一月号)。都留重人「小泉博士の『平和論』について」(『世界』三月号)。丸山眞男「「現実」主義の陥穽——或る編集者への手紙」、小泉信三「私の平和論について」(『世界』五月号)。山川均「非武装中立は不可能か」(『世界』七月号)
一九五三(昭和二八)年	ソ連首相スターリン死去(三月)。朝鮮戦争休戦協定調印(七月)	清水幾太郎「内灘」(『世界』九月号)。広津和郎「真実は訴へる——松川事件・判決迫る」(『中央公論』一〇月号)

一九五四（昭和二九）年	第五福竜丸被爆（三月）。自衛隊発足（七月）	福田恆存「平和論の進め方についての疑問」（『中央公論』一二月号）
一九五五（昭和三〇）年	『改造』廃刊（二月）。砂川基地反対闘争（九月）。左右社会党統一（一〇月）。自由民主党結成（一一月）	
一九五六（昭和三一）年	ソ連共産党大会で、フルシチョフ第一書記がスターリン批判演説（二月）。経済白書に「もはや「戦後」ではない」の言葉（七月）。日ソ共同宣言、ハンガリー事件（一〇月）	中野好夫「もはや「戦後」ではない」（『文藝春秋』二月号）。松下圭一「大衆社会の成立とその問題性」（『思想』一一月号）。丸山眞男「スターリン批判の批判」（『世界』一一月号）
一九五七（昭和三二）年		梅棹忠夫「文明の生態史観序説」（『中央公論』二月号）。加藤秀俊「中間文化論」（『中央公論』三月号）。芝田進午「「大衆社会」理論への疑問」（『中央公論』六月号）。松下圭一「日本における大衆社会論の意義」（『中央公論』八月号）
一九五八（昭和三三）年	日教組勤評闘争（一〇月）。皇太子婚約、警職法改正反対闘争（一一月）。	松下圭一「マルクス主義理論の二十世紀的転換」（『中央公論』三月号）
一九五九（昭和三四）年	皇太子の結婚パレード（四月）	松下圭一「大衆天皇制論」（『中央公論』四月号）。福田歓一「二者選一のとき」（『世界』七月号）。坂本義和「中立日本の防衛構想——日米安保体制に代るもの」（『世界』八月号）。

		大内兵衛「安保改定と憲法」(『世界』九月号)。林健太郎「安保闘争に理性を——日本外交の新構想」(『文藝春秋』一二月号)
一九六〇(昭和三五)年	自民党単独で新安保条約強行採決(五月)。新安保条約自然承認(六月)。浅沼稲次郎社会党委員長、刺殺される(一〇月)	福田恆存「進歩主義の自己欺瞞」(『文藝春秋』一月号)。清水幾太郎「いまこそ国会へ——請願のすすめ」(『世界』五月号)。江藤淳「〝声なきもの〟も起ちあがる」(『中央公論』七月号)。丸山眞男「復初の説」(『世界』八月号)
一九六一(昭和三六)年	風流夢譚事件(二月)。『思想の科学』天皇制特集号廃棄事件(一二月)	江藤淳「〝戦後〟知識人の破産」(『文藝春秋』一一月号)
一九六三(昭和三八)年	最高裁、松川事件の被告全員に無罪判決(九月)	高坂正堯「現実主義者の平和論」(『中央公論』一月号)
一九六四(昭和三九)年	日本、OECD(経済協力開発機構)に加盟(四月)。東京オリンピック(一〇月)	高坂正堯「宰相吉田茂論」(『中央公論』二月号)、「海洋国家日本の構想」(『中央公論』八月号)、「国際政治の多元化と日本——核の挑戦にどう応えるか」(『中央公論』一一月号)。小田実「「難死」の思想——戦後民主主義・今日の状況と問題」(『展望』一二月号)
一九六五(昭和四〇)年	米軍が北ベトナム爆撃を始める(二月)。ベ平連、初のデモ(四月)。日韓基本条約調印(六月)	吉本隆明「自立の思想的拠点」(『展望』二月号)。永井陽之助「米国の戦争観と毛沢東の挑戦」(『中央公論』五月号)

一九六六(昭和四一)年		永井陽之助「日本外交における拘束と選択」(『中央公論』三月号)、「国家目標としての安全と独立」(『中央公論』七月号)。小田実「平和をつくる——その原理と行動・ひとつの宣言」(『世界』九月号)
一九六八(昭和四三)年	東大医学部学生自治会が医師法改正に反対して無期限ストに突入(一月)。国税庁、日大の二十億円の使途不明金を発表(四月)。東大で医学部学生らが安田講堂を占拠(六月)	
一九六九(昭和四四)年	東大安田講堂の封鎖解除(一月)。南ベトナム臨時革命政府樹立(六月)	堀米庸三「収拾ではなく解決を」(『世界』一月号)。山本義隆「攻撃的知性の復権」(『朝日ジャーナル』三月二日号)。折原浩「東京大学の頽廃の淵にて」(『中央公論』四月号)。羽仁五郎「表現の自由と占拠の論理」(『現代の眼』四月号)。折原浩「授業再開拒否の論理と論理」(『朝日ジャーナル』六月一日号)
一九七〇(昭和四五)年	日本万国博覧会(三月)。日米安保条約自動延長(六月)。三島由紀夫割腹自殺(一一月)	

ま行

や行

ら行

わ行

さ行

た行

な行

は行

人名索引

[著者]
奥武則（おく・たけのり）
1947年東京生まれ。ジャーナリズム史研究者。70年早稲田大学政治経済学部卒業後、毎日新聞社入社。学芸部長、論説副委員長などを経て退職。2003〜17年、法政大学社会学部・大学院社会学研究科教授。著書に『蓮門教衰亡史』（現代企画室）、『文明開化と民衆』（新評論）、『スキャンダルの明治』（ちくま新書）、『大衆新聞と国民国家』『むかし〈都立高校〉があった』（ともに平凡社）、『賞味期間一日——「余録」抄 2001〜2003』（弦書房）、『ジョン・レディ・ブラック——近代日本ジャーナリズムの先駆者』（岩波書店）、『幕末明治 新聞ことはじめ』（朝日選書）などがある。

平凡社ライブラリー 873
増補《ぞうほ》 論壇《ろんだん》の戦後史《せんごし》

発行日…………2018年10月22日　初版第1刷

著者……………奥武則
発行者…………下中美都
発行所…………株式会社平凡社
〒101-0051　東京都千代田区神田神保町3-29
電話　(03)3230-6579［編集］
(03)3230-6573［営業］
振替　00180-0-29639

印刷・製本……株式会社東京印書館
DTP…………平凡社制作
装幀……………中垣信夫

ISBN978-4-582-76873-2
NDC分類番号070　B6変型判(16.0cm)　総ページ312

平凡社ホームページ　http://www.heibonsha.co.jp/